地理
山河
2

陸人龍 著

編者的話

　　這套「認識中國」叢書是為小學生和中學生而寫的輔助讀物。中國是世界最大和最重要的國家之一，亦是唯一擁有五千年輝煌文明的古國，因此，中國人都應該知道和了解自己國家的疆土地理、歷史人文，以至今日的發展概況；而任何人若關心世界和人類的前途，亦都必須認識中國。作為小學和中學生的讀物，我們希望這套叢書在國民教育、通識教育和道德教育等方面，都能有所助益。

　　這叢書不屬現時學校課程的教科書，其撰寫沒有依從一般學校分科的課程結構，亦試圖打破一般教科書和學術性著述講求主題分明、綱目嚴謹、資料完整的寫作習慣。

　　叢書從介紹中國的地理山河開始，以歷史的演變為主軸，打通古今，以文化的累積為內容，將各種課題及其相關資料自由組合，以「談天說地」的方式講故事，尤重「概念性」的介紹和論述，希望能使學生對各課題的重要性和意義產生感覺，並主動地追求更多的相關資訊和知識。每冊書的「導讀」和其中每一課開首的引子，都是這種編寫方式的嘗試。

　　本叢書還盡可能將兒童和青少年可觸及的生活體驗引進各課題的討論中，又盡可能用啟發式的問答以達到更佳的教與學

效果，冀能將知識性和趣味性兩者結合起來。

　　已故錢穆先生於 1939 年中國對日抗戰期間，撰寫《國史大綱》，稱國人應抱著「溫情與敬意」的態度去讀國史，本叢書的編撰亦秉承這一態度，並期望學校的老師們會將這種精神傳播宏揚。

目錄

導讀

這是本叢書第一冊《地理山河一》的續篇，介紹中國的南方。

中國的疆域很大，要了解這個國家的多元地理地貌和人民歷史，方法之一是將其先分南、北兩部分，然後再各細分為多個不同地區，以便分區探索研究，並掌握這些地區之間在歷史上的互動關係，以及其所產生的影響；這種互動和影響，也就是今日大家所說的「地緣政治」。

在第一冊「漫遊中國」的部分，我們從青藏高原開始，遊走了中國北方的四個區域，即黃河流域、蒙古高原、新疆和東北，初步認識了各地區的位置、面積、地理特點、自然風景，以及一些基本的人文歷史背景和概況。這一冊將以同樣方式，遊覽中國南方六個區域，其中三個和海洋都有特別重要的關係。

南、北之分首先是在地理和自然環境上，兩者的差別影響及經濟、歷史和文化的發展，這是強調地理的先行因素；但在經濟、歷史和文化的因素累積之後，後者的影響就可能變得更重要了，此中「地緣政治」常起關鍵作用。

第一冊在介紹各區的時候，已簡單述及上述的各種因素及其作用，本冊亦會簡述南方各區情況。在此之前，我們會先探討南、北的主要分別，順道解釋中國地理和地緣上關於「中部」，以及東、南、西、北的不同說法；然後繼續漫遊中國的旅程。

中國簡介

第一課
中國地理的南、北之分

1 你知道中國地理上的南、北之分嗎？

中國疆域遼闊，南北跨越的緯度很大，陸疆最南的海南省三亞市是北緯 18.15°，屬「熱帶」，位於南海最南的島礁曾母暗沙是北緯 3.58°，亦即在赤道附近。在北邊，黑龍江省的漠河是北緯 53.28°，地理上屬「溫帶」，距離北極圈的「寒帶」（北緯 66.34° 以上）不太遠。

溫帶在冬天是很寒冷的，北溫帶的高寒地區一些地方氣溫可以低

● 華北冰天雪地

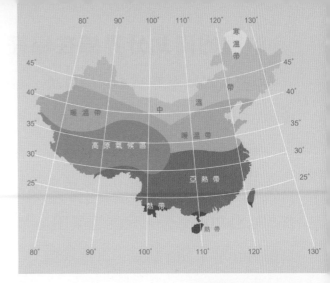

● 中國經緯度及氣候圖

至攝氏負 40°至 50°，不過有夏天，所以稱為寒溫帶。在熱帶和溫帶之間有「亞熱帶」，中國大部分地區都屬溫帶和亞熱帶，因此，在地理上大致可依此分南、北兩大區域。

地理上的南北之分除了氣候之外，地貌和自然及人文風景也有很大的差異，在文人的筆下最能反映出來，如北方的「冰天雪地」、「莽莽草原」、「萬里黃沙」、「大漠孤烟」等，又或如南方的「山巒疊翠」、「雲霧飄揚」、「小橋流水」、「鳥語花香」等。

● 江南小橋流水

2 中國的南北分界線在哪裡？

中國有兩條主要的南北分界線，一是秦嶺，二是淮河，都位於北緯約 35°，那也是亞熱帶和溫帶的分界線。

秦嶺海拔高 2,000 至 3,500 米，主峰太白山 3,767 米，即約 7 個香港太平山般高。秦嶺以北冬天氣溫在零度下，風沙很大，降水量只有 500 至 700 毫米，只能種旱田；而秦嶺之南冬天在零度以上，降水量 750 至 1,200 毫米，可種水稻。

唐代大詩人李白曾稱「蜀道之難，難於上青天」，蜀道就是跨越秦嶺的通道，因秦嶺以南在古代稱「蜀」。秦嶺難以攀登，其北邊山

● 秦嶺

● 以淮河為主題的紀念郵票

● 秦嶺及淮河位置圖

麓尤其高聳險削，最東端有以險峻知名的西嶽華山。

秦嶺以東進入河南省境有一些海拔較低的山嶺，然後進入華北大平原。華北大平原又名黃淮大平原，因為黃河之南還有淮河，其位置大約在黃河和長江中間，源於河南省南部的桐柏山（主峰 1,127 米），向東流經安徽和江蘇兩省北部出海。

淮河也是南北分界線，兩邊分屬亞熱帶和溫帶，土壤、氣候、物產都有所不同。

3 青藏高原是屬於南方抑北方？

青藏高原大部分位於北緯 35°至 40°，在地理上屬中國的西南部，但這地方海拔極高，屬高原氣候區，除雅魯藏布江河谷外，大部分都是高寒地帶，沒有真正的春天和夏天，其氣溫和寒溫帶的冬天差不多。

第二課
南、北之分的其他意義

1 南、北之分除地理外有甚麼歷史意義？

華夏文明起源於北方的黃河流域，因此長江流域相對而言就是南方了，這和地理上以秦嶺和淮河為南北分界線「不謀而合」。

此外，淮河在中國歷史上又是重要的政治和軍事分界線，因黃河流域的華夏民族（漢之後稱漢族）曾有兩次不敵南侵的遊牧民族（漢之後泛稱胡族），往南退守，造成南、北大分裂，其分界線主要就是淮河，一次是 4 至 6 世紀的東晉至南北朝時代（約 260 多年），另一次是 12 至 13 世紀的南宋（約 150 年）；在這兩段時期，淮河一帶是南、北雙方長期對峙和交戰的地區。

● 東晉地圖（382 年）　　　　● 南宋地圖

2 南、北之間也有文化差異嗎？

由於自然環境和生活條件不同，南北各地區民眾的經濟活動和生活方式會有較大的差異，人的體型和體質、心態，以至飲食習慣都有差異。

一般而言，北方的民眾較為剛毅，加上有粗獷的遊牧民族，民風豪邁樸實，南方則較為風雅活潑。此外，內陸和封閉的地區民風傾向保守，而靠近海洋的會較為開放和富冒險精神。

不同的生活環境和習慣，對各地民眾的文化取向、風俗、藝術和文學也會有影響，使文明的發展更多姿多彩；本叢書的其他冊子會進一步介紹這些方面的情況。

3 為甚麼中國沒有因這些地區差異而變成很多國家呢？

先秦夏、商、周時代發展起來的華夏文明很優秀，在歷史上常為文明較後進的四方族群所學習和吸納，而華夏文明崇尚「四海一家」，對內強調「大一統」，對外彰顯「懷柔遠人」，有很大的包容性，包括不斷吸納外來文化的精粹；雖然歷史上有很多族群戰爭，但結果是大多數的族群都融合起來了；在這一過程中，中國還很早就統一了文字，方便了文化和文明的傳播，這是一個非常重要的因素。本叢書其他冊子，會詳細介紹這些文化統合和融合的過程。

我們也可以將中國的情況和歐洲作一比較，整個歐洲的面積只比中國大一小點，但在歷史上卻形成了大、小國家 40 多個，由此可見中國文化的強大融和力。

第三課
中國的南方

1 中國的南方應如何再分為不同的地理區域？

南北分界線（秦嶺－淮河）之南，首先是長江流域，由西到東可分三個地區。

位於最西的是四川省和重慶市，四川西邊就是第一冊首先介紹的青藏高原，四川北邊有秦嶺，地理上屬內陸，降水量卻不少。

在中間的是湖北、湖南和江西等幾個省，還是內陸，但已相當受到海洋季候風影響，雨水很多。

東部是安徽、江蘇和浙江等幾個省和上海市，海洋的影響就更加重要了。

● 長江流域圖

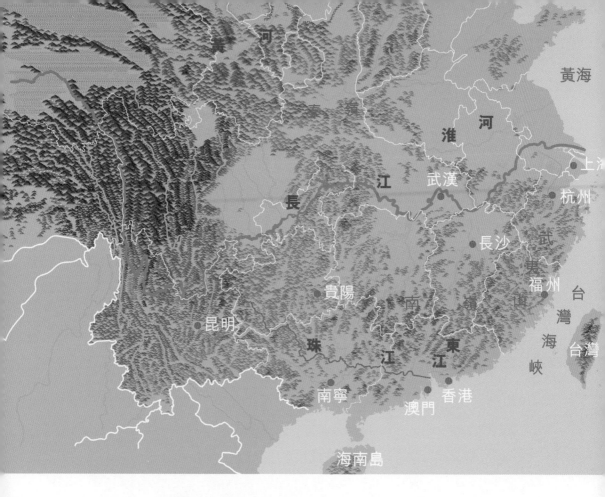

2 長江流域以南又如何？

長江流域的南邊有很多山嶺，最著名的是南嶺和武夷山脈，這些山嶺又是另一個地理環境分界線。中國的北方有長城，長城以北是北方的北方，南嶺之南，也可以說是南方的南方。

這個「南方之南」的大片地區，由西到東又可分為三部分，最西的是雲貴高原，屬內陸地區；中間的是廣西和廣東（兩省北邊是南嶺），屬珠江流域的「嶺南」地區，廣東的南邊是海洋，還有海南省和南海諸島；在廣東東邊有福建和台灣兩省。

由廣西往東的所有地區，都屬海洋地帶。

第四課
地緣政治的「中」和
東、南、西、北

1 你知道哪裡是中國的「中部」？

河南省是華夏文明的發祥地，也是夏、商、周時代的政治中樞地帶，因此在地緣歷史上被視為「中原」，但以今日中國偌大的版圖來說，河南在地理上只是在東半部的中間，又位於黃河流域，在南北分界線的北邊。「中原」的說法其實在近世已不流行，河南在今日的地緣政治處於「華北」和「華中」之間。

2 那麼地理上中國的中心點在哪裡？

中國在還擁有外蒙古（今蒙古國）的時候，形狀像一大塊海棠葉，葉的中間點是甘肅省的首府蘭州市，但蘭州在地緣概念上一直都是「西北」；從明朝開始，從河南中原以西的陝西開始，都屬地緣上的「西北」。

3 那麼中國今日的「中部」在哪裡？

長江流域的湖北省在近世和今日都被稱為「華中」，而武漢是最核心的城市；若擴大一點，則湖南、江西兩省也算「華中」的一部分。要注意的是，長江流域在地理上是南方，在歷史上也是南方。

4 有「華東」、「華西」和「華南」嗎？

湖北省以東的江蘇（連上海市）、浙江一般會被稱為「華東」，安徽則在華東和華中之間。

湖北以西的重慶市和四川省則是「華西」，其實四川在地理上是橫跨東、西的；四川和雲貴高原的雲南、貴州兩省，又被稱為中國的「西南」；加上西藏，又稱為「大西南」。

因長江流域各區分別有華中、華東和華西的稱謂，今日一般所稱的「華南」，便主要是指嶺南以南的廣東和廣西等地區了。

中國一些以區域命名的大學

● 中國分區圖

● 地緣上的中國「中部」位置圖

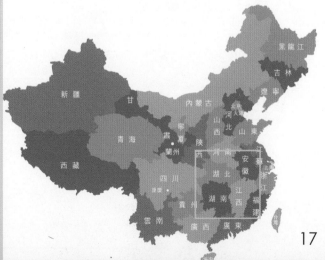

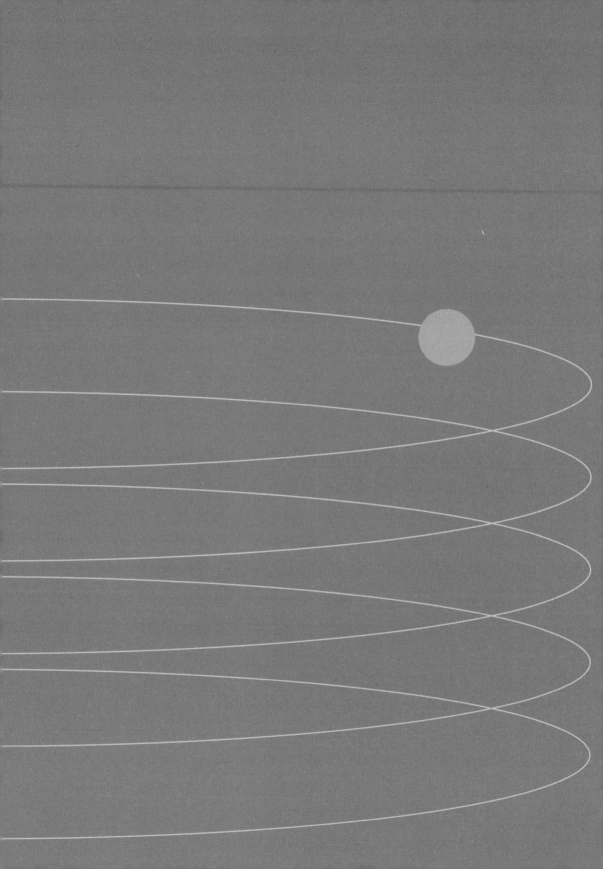

天府之國 1

四川、重慶

新疆

甘肅

寧夏

內蒙古

山西

陝西

河

青海

西藏

四川

重慶

湖

貴州

湖

雲南

廣西

海南

　　看中國的地形圖，中間微偏向南有一個極顯眼的大盆地，四面都是高山，地理上名「四川盆地」，歷史上稱「蜀」，是著名的「天府之國」，今日這盆地是四川省的東半部和重慶市。

　　四川省的西部是一大片連接著青藏高原的山嶺，青藏高原的山脈是由西往東走的，而（四）川西的山嶺則由北往南走，進入更南的雲南和貴州兩省，在地理上稱「橫斷山脈」，在四川省內形成一個很特別的「川西高山帶」，內藏極豐富的自然風貌和美景。

　　重慶本來是四川省的一個城市，1997 年劃出為直轄市，兩者「分家」，又歷年從四川省「分得」30 多個區縣，變成一個超級大城市，有 8.24 萬平方公里，比寧夏自治區（等於省）的 6.6 萬平方公里還要大，又或等如 2.3 個台灣省。今日四川省面積約 48.6 萬平方公里，

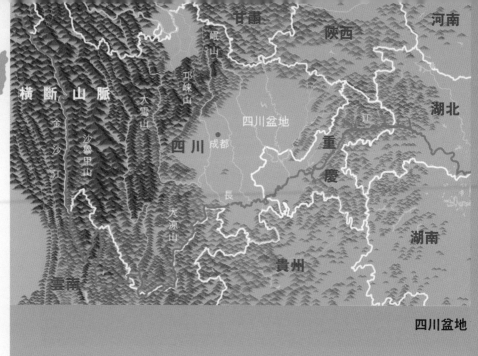

四川盆地

和重慶市合計近 57 萬平方公里，佔全國陸疆 6%，相等於一個歐洲大國如法國。人口兩地合計 1.157 億，佔全國 8%。

古蜀地有「巴山蜀水」之稱，「巴山」大致就是今日重慶市，這是四川盆地在東邊的山陵地，重慶也是中國著名的「山城」，而盆地大部分地區是平原，稱「成都大平原」，平原的河流很多，故稱「蜀水」。

中國最大、最長的河流長江在青藏高原成形後，先往東流，在橫斷山脈依山勢改往南走，即今四川省西邊邊界，省外是西藏自治區；長江往南直入雲南省，在雲南以 U 字拐回往北，繞幾繞之後改往東流，進入成都大平原的南部，續往東走，最後在重慶市越過著名的長江三峽出湖北省。

長江在青藏高原稱通天河，在橫斷山脈稱金沙江，進入

四川平原盆地

四川平原後始稱長江，沿途接收無數大、小支流，匯成為中國第一大江。

「橫斷山脈」是甚麼？

　　橫斷山脈是多個高聳的山脈，在近距離平行而走，形成了「摺皺」的形態，川西及位於其南的雲南省是一大片由北往南走的橫斷山脈；川西有沙里魯山、大雪山和邛崍山，在邛崍山東北還有岷山。

　　橫斷山脈的地殼還在上升，是極不穩定的地震帶，岷山在 2008 年就發生了一次特大地震，差不多有 10 萬人死亡。

這些山脈有多高

　　這些山脈山體高大，海拔在 3,000 至 7,000 多米，相比之下，成都大平原只有 500 至 600 米。

　　大雪山脈的貢嘎山（嘎音加）是「蜀山之王」，高達 7,665 米，終年積雪，貢嘎在藏語是「至高無上，潔白無瑕」的意思；該區有百多座 5,000 和 6,000 米以上的山峰。

蜀山之王的貢嘎山

　　貢嘎山亦是著名的雪山攀爬地，其攀爬難度較世界第一峰珠穆朗瑪峰更甚，因珠峰出發營地位於 6,500 米，攀到峰頂有 2,348 米，而貢嘎山出發點在 4,400 米，到峰頂要攀 3,265 米。

金沙江流經虎跳峽時，江水最是急湍。

長江是如何走過四川境內的 **?**

通天河在進入川西的橫斷山脈後，改稱金沙江，兩者都是長江上游；金沙江繞到成都大平原後，流至一個名宜賓的城市才改名長江，自此進入中游 *，以緩速往東走，成為一條可航行的水道，直通重慶。

除東通重慶外，宜賓往北有岷江可通達四川省的首府成都，往南可進入雲南，是一個重要的商業城市，稱「長江第一市」。

* 另一說法是長江進入湖北省後才算中游

四川還有哪些重要河流

四川江河眾多，流域面積在 500 平方公里以上的河流有 340 多條，諸水盡歸長江。

川西高山帶除金沙江外，由西往東有雅礱江（長 1,571 公里）和大渡河（1,062 公里），都是由北往南走向的大河。

雅礱江

四川省河流水系圖

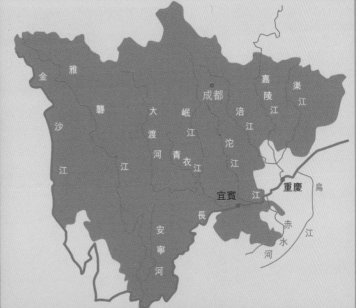

在成都大平原西部有岷江（1,279 公里），東部有嘉陵江（1,349公里），亦都是大河，還有較小的沱江、涪江、渠江等，都由北往南跨越四川盆地。上述諸河除大渡河入岷江之外，都直接流入長江。

在盆地的南邊有赤水河和烏江，都源於雲貴高原，由南往北直接流入長江。

唐代開始以「川」為盆地命名，宋時曾分四「路」，演變而有「四川」之名。

川西高山的河流可以航行嗎

金沙江、雅礱江和大渡河在高山的峽谷中奔流，首尾有幾千米落差，水勢湍急，難以航行，而吸納的水量很大，是我國極重要的水資源儲備和收集區；近年政府積極興建水壩儲水發電，以求盡量利用這裡的水電資源。

河水翻騰的大渡河

川西高山帶有人居住嗎 ?

　　高山帶的北部分阿壩（東）和甘孜（西）兩大區域，聚居阿壩的羌族是一個歷史很古老的民族，在先秦時代即存在，和華夏遠祖的夏禹，以及周、秦兩個王朝都有血緣關係，所以被稱為中華民族的「活化石」，今日僅存 30 萬人左右，民風強悍，以戰鬥性的碉樓為居所。藏族則分散居住於甘孜、阿壩和涼山州等地區。

　　在四川的藏族名「康巴」，是藏族的一支，其體格普遍高大健壯，和西藏地區的藏人有明顯差異；亦因居地封閉，故「五里不同音，十

羌族碉樓

聚居甘孜的藏族和其傳統建築

丹巴女孩以「美」見稱

里不同俗」。康巴男人多帶腰刀，女人愛戴貴重的寶石。在大渡河有小城丹巴，被稱為「美人谷」，其地的「嘉絨藏族」以美女聞名，不少都成為舞蹈藝員。

　　高山帶南部的涼山地區是彝族聚居地，彝族也有悠久的歷史，總人口超過 800 萬，較藏族和蒙古族還要多，除四川外，分佈於雲貴高原。其民風熱情好客，有著名的「火把節」，中國民族音樂有著名的《彝族舞曲》。

彝族火把節

28

川西高山帶和外界有交通往來嗎 **?**

　　高山帶在區內、外大部分都是以小路往來，所以在過去非常封閉，但歷史上也有一些重要的跨省通道，最著名的是有千年歷史的「茶馬古道」，將雲南、四川的茶葉運到藏區，又將雪域的特產如馬匹運往內地。這古道連接成都雅安市和西藏，橫越橫斷山脈的所有大山，中間經過康定、理塘等城市。1954 年政府沿此路修成「川藏公路」，現再建「川藏鐵路」，因工程艱巨，還要 10 多年才能完成。

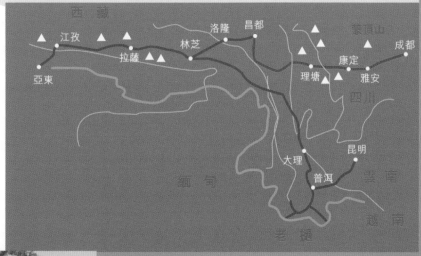

茶馬古道圖

從前茶馬古道的搬運方式

茶馬古道的起點雅安

茶馬古道的起點雅安，是以多雨著名的「雨城」，雅安和康定都是漢藏文化和民族的交匯地，也是茶馬古道商業集散地；《康定情歌》是全國小學生都會唱的一支民歌；而理塘是藏傳佛教「聖地」之一。

茶馬古道（川藏公路）有沒有重要的自然地貌和風景

「蜀山之王」貢嘎山的位置，就在康定以南不遠，山區有大型冰川 5 條，最著名的叫「海螺溝」，這些冰川都走進深不可測的原始森林。

康定附近有一個地方名木格措（湖），亦稱「野人海」，有七色湖泊，漫山杜鵑等美景。

由康定往西到理塘，其南邊 130 公里處有著名的風景區稻城、雅丁。稻城有中國最大的古冰體「海子山」和「紅草海」，都是非常美麗

海螺溝一號冰川

的原始美景。

　　雅丁有三座雪山，被當地的藏族奉為「三神山」，分別名仙乃日（6,032 米）、夏諾多吉（5,958 米）和央邁勇（5,928 米）。

高山帶的南部也有重要的地貌和風景嗎

　　高山帶南部的涼山彝族聚居地有一個大湖名邛海，面積很大，恬靜優美，湖鮮豐富，今日成為度假嚐鮮的好去處。

木格措湖　　　　　　　　　　　　　　　　雅丁自然保護區

邛海以南有螺髻山，南北延綿 100 公里，有湖泊 36 個，都是美麗的原始風光。

邛海和螺髻山都藏於大山之中，在該地區還有西昌市，是中國四大航天基地之一的所在地；基地於 1980 年建成，嫦娥系列的早期衛星即由這裡發射；有說西昌看到的月亮特別大，也特別明亮，故西昌有「月城」之稱。

清澈透明的邛海

川西高山帶的北部也有好的旅遊地方嗎

在茶馬古道以北的邛崍山脈南端，有一排四座、終年積雪的高山名四姑娘山，最高峰有 6,250 米，其中一座和歐洲著名的阿爾卑斯山楚格峰很相似。

四川四姑娘山

　　再往北行，岷山有四川最著名的黃龍和九寨溝美景，兩地在1992 年同列世界自然遺產。

　　九寨溝因有九個藏寨而得名，在山谷（海拔 2,000 至 3,000米）中有三條溝，成 Y 字型，總長 50 餘公里，遍佈翠海、眼泉水、瀑布、激流、灘流等，色彩繽紛，人稱「九寨歸來不看水」。

色彩繽紛的九寨溝

黃龍之水由岷山主峰寶雪頂（5,588米）下行，蜿蜒游走於黃色的無數「鱗狀華鈣池」，有若一條黃龍的鱗甲，全長7公里，從海拔3,800米下降至2,000米，氣勢磅礡。黃龍分三大池群，共1,750餘個形狀、高矮不一，在陽光照耀下池水呈白、紫、藍、綠、紅、橙等斑斕色彩，千姿百態。

氣勢磅礡的黃龍

川西高山帶還有甚麼特色？

川西高山帶還是一個「杜鵑花王國」，全球杜鵑花約有960種，中國有570種，大部分都可見於川西和成都大平原的岷江一帶。康定有地名「杜鵑峽」，長8公里，花樹可高數丈，色彩艷麗；此外，甘孜的雪域高原、南部的螺髻山等，春天都可看見漫山遍野的多彩杜鵑花。

四川是不是熊貓的故鄉

　　岷山是舉世知名的中國熊貓的故鄉，存在已超過一億年，因嗜吃竹，所以也稱「竹熊」，又稱「花頭熊」、「貓熊」，曾有絕種之慮，今在成都有繁育基地，四姑娘山有保護棲息地。

　　其實熊貓不是四川存活最久的生物，金沙江到長江有一種魚名中華鱘，其出現與恐龍同時代，有 2 億年的歷史，體型一般有 1.5 至 2 米長，最大的可達 4.5 米，重 300 公斤，壽命 100 至 120 歲；其幼魚在金沙江繁殖，成長後沿長江千里迢迢游出大海，在海洋生活 10 餘年後，會成群在春、夏間迴游到金沙江產卵。中華鱘是美食，比熊貓更有絕種的危險，現在主要是以養殖方式延續生命。

以中華鱘為主題的郵票

四川熊貓　　　　　　　　　杜鵑花

甘氏四川龍

　　說到恐龍時代，四川也是 6,600 萬年前消失的恐龍的故鄉之一，四川南部自貢市地區發現有很多體型龐大的恐龍化石，被稱為「恐龍公墓」，是世界最重要的恐龍考古基地之一。

四川盆地為甚麼被稱為「天府之國」

　　歷史上的巴蜀四周有高山屏障，北邊的祁連山（在甘肅）和秦嶺（在陝西）阻擋了寒流和冰雪，盆地位於亞熱帶，氣候溫和，冬季最冷只有攝氏 5 至 10°C，雨量充沛，每年 800 至 1,800 毫米，多雲霧；大平原是沖積平原，土地肥沃，東部的山陵地（巴山）亦可耕種，又有長江等眾多江河，是極富庶的農產區，因此古代形容之為「沃野千里，天府之土」，加上軍事上易守難攻，在歷史上大部分時間都

得享和平。

　　四川是農業大省，稻米、糖、茶、絲等產量豐富；此外，南部有大量岩鹽，鐵、煤、林木等資源亦極豐富，開採容易，自然物資自給自足，是名副其實的天府之國。

四川油菜花田

成都大平原為甚麼以成都為名 ?

　　大平原以成都為名，因盆地的開發在先秦的戰國時期，即以成都市為中心。成都是文化古城，古蹟很多，有 2,300 多年歷史。附近還有年代更早近千年、謎一般的三星堆和金沙文化遺址。

比成都更早千年的三星堆和金沙文化是甚麼？

　　約 3,200 年前的中國是商朝的青銅器時代，當時四川也出現了青銅器文明，這是近 40 年才在三星堆和金沙考古發現的，兩地都有大量青銅器和其他文物，其青銅器和商朝的全不一樣，而精美絕不遜色，是「非華夏」的另一個輝煌古文明。不過，這個文明後來卻消失了，古書中也無記載，兩者都是歷史未解之謎。一種說法是當時的四川常有洪水，這在古書中是有記載的，所以這一支文明有可能是被特大的洪水所淹沒和摧毀的。

三星堆銅人頭像　　　　金沙遺址立人像

金沙遺址太陽神鳥金飾（上）
三星堆太陽輪（下）

四川古代若有洪水之患，又如何可以成為日後的天府之國呢 ❓

　　那就要說到一個著名的古代水利工程「都江堰」了。在西元前 316 年，秦國奪取了巴蜀之地，以李冰為蜀郡太守（地方官名），他在成都以西不遠的岷江都江堰，開鑿了一個大山口，名「寶瓶口」，將岷江的猛烈大水疏導並引入成都平原，以為灌溉之用，同時解決了洪水問題。這個 2,300 多年前的工程屹立至今，仍繼續發揮作用，被聯合國列入世界文化遺產，也是旅遊成都必看的景點。

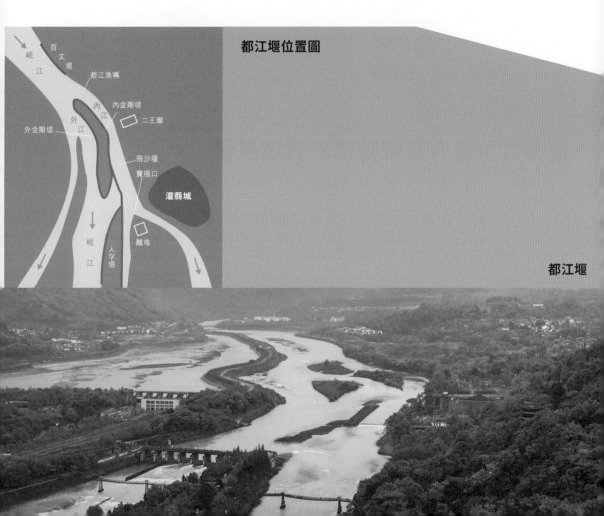

都江堰位置圖

都江堰

青城天下幽之青城山

成都大平原有甚麼特別的自然景觀

　　成都大平原最著名的景觀是岷江的青城山和峨嵋山，前者是道教名山，後者是佛教名山，兩者的自然景色都很有名，也是武俠小說中的武林聖地。

　　青城山在都江堰附近，主峰 1,260 米，山形如城，樹木四季常青，故名青城山，有 8 大洞、72 小洞，曲徑通幽，有「青城天下幽」之譽。

　　峨嵋山在成都以南的樂山市附近，比青城山高大，最高峰有3,099 米，名「大峨」，與另一峰「二峨」相對，遠觀雙峰如畫眉，山

峨嵋山

峨嵋金頂

連天際，雲濤滾滾，高瞰百里平川，其景色被稱為「雄、秀、神、奇」，隨天氣變幻而有很多奇異景象，如「佛光」、「聖燈」等。山上猴子也特多，喜與人混處取食。

長江一帶也有美麗的自然風光嗎

　　長江在宜賓附近有蜀南竹海和興文石海的美景。蜀南竹海面積120 平方公里，有七萬餘畝楠竹，覆蓋大小山丘 500 多個。興文石海是中國「喀斯特」地貌的一個石林區，面積 126.4 平方公里，溶洞遍佈，稱「石海洞鄉」，其中有直徑 650 米天坑，名「大漏斗」，深 208 米，2005 年列世界地質公園。

　　所謂喀斯特地貌，也稱「岩溶地貌」，是水對石灰岩溶蝕而形成，包括山峰（孤峰、峰群、峰林）、瀑布、石林、溶洞（鐘乳石、天坑、地漏、石縫）、天生橋、地下河等，在中國四川，以及西南的雲貴高原和廣西、廣東都很多。

　　長江本身最美麗的景色在由四川盆地出湖北的「三峽」一段，屬重慶市。

四川竹林

石林

重慶有甚麼自然景色？

　　今日的大重慶有兩個巨型的「天坑地縫」，一在武隆，一在奉節，都屬於喀斯特地貌。

　　武隆有三個天坑，由三座天生橋相連起來，稱「天生三橋」，全世界僅此一例，地縫名「龍水峽」，有 5 公里長，深 200 至 500 米。

奉節天坑

43

奉節的天坑直徑達 600 米，深長 666 米，是世界最大的天坑，其底部有山有水，古木叢生，鳥獸繁多，恍如另一個世界；距此 3、4 公里有「天井峽」地縫，谷地蜿蜒 30 多公里。

武隆天生三橋

長江三峽是怎麼樣的？

長江三峽在重慶有瞿塘峽，在重慶和湖北交界有巫峽，湖北有西陵峽；瞿塘峽和西陵峽都以險峻聞名，巫峽則最美麗。

三峽位置圖

　　三峽的兩岸高山嵾峙，江水洶湧瀉注而下，李白曾有名詩句稱「兩岸猿聲啼不住，輕舟已過萬重山」；不過，2006 年在湖北宜昌建成「三峽大壩」之後，航道已變得平靜易航。

　　在瞿塘峽西端有一個重要關口名夔門（夔音攜），江面很窄，僅 100 至 150 米，兩岸峭壁直立，高達 1,000 至 1,500 米，是防守重慶的要塞，唐、宋時均曾置鐵索以「絕江中流」。其地在冬天漫山遍開

瞿塘峽

紅葉，也是著名美景。

夔門以東的瞿塘峽長 8 公里，過去有一大礁石名「灩澦灘」，長 40 米，寬 15 米，高 25 米，水漲時隱沒水中，江水衝擊西回，令航道倍增風險；為安全計，此石已於 1958 年炸去。

長江向東到了接壤湖北邊界的巫山縣，北面有一條支流大寧河，內藏一個名為「小三峽」的地方，其中也有好幾個峽，多奇峰怪石、林木翠竹，與雄奇的大三峽比較，顯得秀麗清雅。

重慶與湖北交界處的巫峽全長 45 公里，幽深秀麗，以南北兩岸「巫山十二峰」最為壯觀，當中又以「神女峰」最具魅力，神話傳說是由幫助大禹治水並為船工導航的仙女所化身而成，中國文學中常以「巫山雲雨」形容男女之情。

巫峽

過了巫峽，就是湖北省了。

重慶還有其他特別的人文景觀嗎

重慶沿長江有很多歷史古蹟，特別是承載了很多西元 3 世紀三國時代的著名歷史故事，人物有劉備、諸葛亮、張飛等，其中最重要的是奉節的「白帝城」。

在奉節以東還有一個「鬼城」名酆都（亦稱豐都），是根據佛、道信仰而建成的「地獄」，舉世獨一無二。

位於瞿塘峽口的白帝城

荊楚故地

2

華中三省

新疆　甘肅　青海　西藏　四川　重慶　貴州　雲南　內蒙古　北京　天津　河北　山西　山東　寧夏　陝西　河南　湖北　安徽　江蘇　浙江　湖南　江西　福建　廣西　廣東　香港　澳門　海南

　　長江由四川盆地的重慶市越過巫山東流入湖北，再越過三峽之一的西陵峽，便是「兩湖平原」，兩湖是湖北和湖南兩省。兩湖平原也是一個大盆地，四面都有山，中間有一個大湖名洞庭湖，屬湖南省。

　　長江在掠過洞庭湖北面後，前進至湖北省府武漢，再東流穿越安徽（位於北岸）和江西（位南岸）兩省交界處，之後偏向東北，經安徽入江蘇省出海。經過江西時，長江又掠過另一個大湖鄱陽湖；江西亦四面環山，是另一個盆地。

　　兩湖盆地在遠古是一個大湖，經河水沖積變成沼澤地，再變為

華中三省地形圖

平原地；和四川盆地一樣，兩湖和江西兩個盆地大、小河流很多，都是長江的支流；位於兩湖一段的長江仍是其中游，已變成一條超級大江和極重要繁忙的航道。

兩湖及江西在先秦時是楚國的根據地，地理上叫荊州，因此到現在還常被稱為「荊楚」，這名號在周朝初期仍是華夏之外的「南蠻」，在戰國後期則代表已成熟的「南方」文化。

湖北在近代被稱為「華中」，與武漢同被形容為「九省通衢」，反映了近世地緣政治的重大變化；不過，要記得三省在地理上都是位於南北分界線的南邊，氣候屬亞熱帶，雖屬內陸而深受海洋季候風影響，雨水充足，加上肥沃的沖積土，農業資源豐富，因此過去有稱「兩湖熟（或湖廣熟），天下足」；湖南的稻米產量今日仍居全國之冠，湖北第五；江西同是魚米之鄉，位居第三位。

兩湖面積共 40 萬平方公里，江西 17 萬平方公里，合共 57 萬平方公里，等同四川加重慶的面積，佔全國陸疆 6%。三省人口約共 1.7 億，佔全國 11.7%。

兩湖平原是怎樣形成的？

位於兩湖平原的古代大湖有一個美麗名字叫「雲夢澤」，或許當地雲霧較多，其朦朧世界令人容易產生夢幻般的想像；之後因長江和四周山嶺河水的不斷沖積，終於變成了平原地，大、小湖泊有數百個，以洞庭湖最著名，其北因之名為湖北，其南名湖南。

江漢平原，圖中可見漢水（圖左橫向）與長江（縱向）匯合。　　　漢水、長江交匯圖

兩湖的河川以千計，大型的在湖北有來自秦嶺的漢江，全長
1,532 公里，在武漢流入長江；南面的湖南有由南往北流的湘江，全
長 856 公里，與多條江、河同入洞庭湖，再接入長江。

長江三峽之一的西陵峽有甚麼特別景色

　　長江在入湖北後便來到三峽之一的西陵峽，三峽中西陵峽最長，
有 66 公里，在三峽大壩未建之前，長江的大水滾滾而下，灘險流

長江三峽之西陵峽

燈影峽

急，兩岸峽谷高峙，形狀各異，被賦以各種名稱，如兵書寶劍峽、牛肝馬肺峽、黃牛峽、燈影峽等，是三峽的另一風景帶。

長江為甚麼要建造大壩

千百年來，長江的大水由三峽而下，加上兩湖四周山嶺的河水，曾引發不少大、小洪災，由漢到清 2,000 多年，兩湖平均每 10 年有一次特大洪水。2006 年，政府在湖北宜昌建成了三峽大壩，依氣候變化調節長江的水流量，之後特大的水災已不復見，長江水勢亦變得平緩，過去的急流險象都已變成歷史陳迹了。

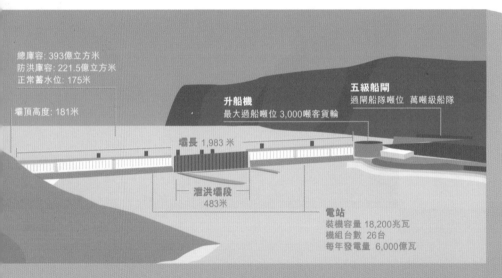

總庫容：393億立方米
防洪庫容：221.5億立方米
正常蓄水位：175米

壩頂高度：181米

升船機
最大過船噸位 3,000噸客貨輪

五級船閘
過閘船隊噸位 萬噸級船隊

壩長 1,983 米

泄洪壩段
483米

電站
裝機容量 18,200兆瓦
機組台數 26台
每年發電量 6,000億瓦

瞿塘峽

三峽大壩高 181 米，長 1,983 米，是世界最大的水利工程之一，其防洪能力達 221.5 億立方米，每年還可發電 6,000 億瓦，旁邊建造有 5 級的船閘供輪船通過。

三峽大壩

湖北是一個怎麼樣的地方？

湖北省西邊和重慶接壤，兩者之間被高山阻隔，主要就靠長江三峽交通往來。

湖北的西北和北邊，是黃河流域的陝西和河南兩省，湖北與河南交界的地方有較平坦的通道，成為盆地環山中的一個「缺口」；而從陝西秦嶺南流而來的漢江跨越平原，經襄陽到武漢入長江，是一條重要的航道，湖北的平原地因此也稱江漢平原。

長江抵達武漢時已是一條大江，水域遼闊，水深在夏季可容逾千公里外的萬噸海輪進入，千噸級的海輪亦可由此上航入重慶，成為一條航運大動脈，貫通東、西。

湖北因此在歷史上北通「中原」，近世則成為連接華北（黃河流域）、華東（長江下游）、華西（四川）和華南（經湖南到廣東）的樞紐地區，故稱「九省通衢」，而武漢則是這個樞紐地區中的樞紐城市。

黃鶴樓　　　　　　　　　　　　　　「武昌起義」鄂軍都督府舊址

　　武漢是三個城市的組合，其中的武昌和漢口都是歷史名城，漢陽是近世新興工業城市。武昌在長江邊有始建於三國時代的「黃鶴樓」，俯瞰長江，很有氣勢，是「江南三大名樓」之一。1911 年推翻帝制的辛亥革命，亦是由武昌的「新軍起義」促成的。

　　湖北最美麗的自然風景都在西部山區，除西陵峽外，有神農架、武當山和恩施大峽谷等。高山多美景，甚麼地方都是一樣，而地貌風景則各有不同。

「神農架」為甚麼不稱山

　　中國古代傳說歷史中有「炎帝神農氏」，和黃帝同年代，據稱對我國的農耕和醫藥發明都有很大的貢獻。湖北西部有一個大型山區，大、小山峰共 400 餘座，海拔 3,000 米以上的有 6 座，相傳神農氏在這裡「嚐百草」找尋治病的植物，奠下後世我國「中草藥」的基礎。據稱他在找藥時要搭架上山，這個山區乃名神農架而不稱山。

　　神農架仍保存大量原始生態，多雨多雲，山中遍佈杜鵑花，達

野人圖

神農架

1.5 億株，賞花期有 3 個月。

這個地方還盛傳有「野人」，但迄今未能證實。

武當山是不是武俠小說中的武林聖地

武當山在神農架北面，是道教名山之一，有全國最大的道教建築

張三豐像

武當山

群，列入世界文化遺產。這裡是中國「內家」武術的原創地之一，傳說中有元末明初的張三豐在這裡發明了太極拳，由此衍生了不少武林故事。

武當山峰巒重疊，主峰高 1,612 米，風景四季不同，加上大量的古老道教建築，自唐以來歷代遊人不絕。

恩施大峽谷有何特別

大峽谷在湖北西南部的山區深處，要經過 400 米長的驚險棧道才能進入，過去不大為人所知；其總長度有 108 公里，面積 300 多平方公里，和舉世知名的美國科羅拉多大峽谷差不多，而地形多變尤有過之，其風景以「一炷香」為代表。

恩施大峽谷

土家族歌舞

一炷香

恩施一帶有少數民族土家族，其遠祖是四川山區的「巴人」，人口約 850 萬，是我國第七大少數民族，主要分佈在湖北和湖南。土家族善於製作精美的織錦，其歌舞很有名，充滿動作感，節奏快而粗獷，被稱為「東方迪斯科（disco）」。

湖南又是一個怎麼樣的地方

　　湖南東、西、南都是山，北部以洞庭湖為中心，稱洞庭湖平原，先秦時已是楚國核心地區之一，宋代後發展成為學術文教重鎮；位於洞庭湖南邊的省府長沙是地區的政治和軍事中樞，也是歷史文化名城。

　　洞庭湖南邊的湘江貫通省境南、北；省的南部山丘較多，地勢逐漸升高，至近廣東交界處成為高山地帶，有著名的「南嶽」衡山。

　　和湖北一樣，湖南西部的山區有很多自然美景，也是少數民族聚居處。

洞庭湖特別在甚麼地方

　　洞庭湖是中國最有名的湖泊之一，在先秦時已因屈原的故事而知

湖南洞庭湖及岳陽樓（右

端午節扒龍舟便是紀念抱石自沉汩羅江（屬洞庭湖水系）的屈原

名於天下。屈原是楚國的愛國詩人，投身於洞庭湖的汩羅江自殺，寫下「洞庭波兮木葉下」的詩句。

這湖曾經是中國第一大淡水湖，現居第二 *，有 3,880 平方公里，湖光明亮，煙波浩渺，素來都有許多詩人騷客到此遊覽吟詠；除長沙外，洞庭湖旁邊的城市如岳陽、常德等亦有很豐富的歷史；岳陽在大湖和長江邊交界處，是商業和軍事城市，有與武昌黃鶴樓同是初建於三國的「岳陽樓」，亦是江南三大名樓之一，使洞庭湖的風景更添氣勢和雅趣。

洞庭湖西邊的常德還有一個名桃花源的著名景點。

* 目前中國第一大淡水湖是鄱陽湖

「桃花源」是一個甚麼地方

　　1,600 多年前，東晉著名田園詩人陶淵明記述他坐船在溪中迷途，走入一個山谷，發現了一個「世外桃源」，當地的人淳樸安樂、勤勞工作、自由自在，自此「桃花源」變成了大家想像中一個「避世」的人間樂土。後來人們在常德南郊找到了一個桃花鎮，每年 3 月桃花盛開，漫山紅遍，就假設其為陶淵明筆下的世外桃源了。

五嶽的南嶽衡山有何特別

　　五嶽的其他四嶽都在黃河流域（詳見《中國地理山河（一）》），只有南嶽衡山在湖南的中南部，亦即先秦時楚國的最南方，清楚地反映了當時中國疆域的基本格局。

　　衡山號稱擁「七十二群峰」，高峰達 1,000 至 1,300 米，其北面俯視兩湖平原，氣吞萬里，山形有獨特的氣勢，被形容為「南嶽獨如

南嶽大廟

飛」；其森林茂盛，雲海翻騰，又有「五嶽最秀」之名。

南嶽建有中國最大的佛寺「南嶽大廟」，起源於唐代，面積達98,500 平方米，建築宏偉，有皇家色彩；而寺中儒、釋（佛）、道三教並存，也是其特別的地方。

湖南西邊的高山有甚麼美麗的自然風景

湖南西部最著名的風景區名「張家界」，號稱有「奇峰三千，秀水八百」，同時列入世界自然遺產和世界地質公園。著名電視劇《紅樓夢》、《西遊記》，以及西片《阿凡達》等均在此取景。當地 400 米以上石峰 200 多座，是世界罕見的「砂岩峰林」地貌，造型奇特，雲霧繞纏，充滿詩意，一時又如大海浪濤，此起彼伏，山峽間泉、瀑、潭、溪不計其數。

張家界

湖南鳳凰古城

　　張家界附近有著名的少數民族城市鳳凰古城,有土家族和苗族,古城的歷史風貌很突出,是今日的旅遊熱點。苗族的人口較土家族更多,主要在貴州(詳見本冊漫遊中國第四課)。

張家界之外,湖南的山區還有其他特別的地貌景觀嗎?

　　在張家界以西的湖南、湖北兩省邊界處,有喀斯特地貌的「洛塔石林」,因地處偏僻,其神秘面紗在近年始被揭開。

　　洛塔石林分佈很廣,面積有 62 平方公里,大片石林掩映在青山綠林之中,被列入世界地質公園;這石林又藏於一個更大的「天然溶岩」區,有 143 平方公里,分三個不同高度(800、1,000 和 1,200

石林

米）的台面，每層都有大小溶洞，共 340 個。這地方的原始生態保存得很好，有罕見的上億年植物「水杉」。

在湖南最西南邊還有屬於「丹霞」地貌的崀山，同列世界地質公園和自然遺產；丹霞是由紅色的砂礫岩所構成，中國南方各省由貴州到浙江都有。崀山最特別的景觀是其山峰在雲海中恍如飛騰嬉戲的巨鯨，稱為「鯨魚鬧海」。

崀山的「鯨魚鬧海」

63

江西盆地又如何❓

江西四周的大山海拔高 1,000 至 2,000 米不等，東、南、西的山都在境內，也是省界，北邊的山則在安徽境內。

滕王閣

江西省的西北是鄱陽湖，北部亦稱「鄱陽平原」，大湖和長江連接，江邊有商業港口城市九江。大湖南邊是省府南昌，其位置和作用一如洞庭湖的長沙；這裡有另一個江南三大名樓之一的唐代「滕

王閣」。

　　鄱陽湖收集了江西的大、小河流，其中的贛江長 885 公里，跨越省境南、北，亦一如湖南的湘江，江西南部也是丘陵地區，是客家人的聚居地。

　　江西的美景亦在於其山水，包括在中國詩畫中名氣最大的廬山。

鄱陽湖有甚麼特別的地方？

　　鄱陽湖是中國最大的淡水湖，面積達 4,000 平方公里，被譽為長江下游氣候的肺臟，也是重要的候鳥過境棲息地，每年由北方飛來的候鳥 60 多萬隻，匯集了世界 98% 的濕地候鳥種群，在世界自然生態上是一個非常重要的區域。

鄱陽湖濕地候鳥

廬山為甚麼最有名 ?

　　廬山位於九江南郊,是中國歷史上知名度最高的「山水」景觀。東晉陶淵明是中國第一個田園詩人,他的主要詩作都在廬山,其後歷代歌詠廬山的詩有 16,000 多首,詩人 1,500 多個。與陶淵明同時代的大畫家顧愷之繪有《廬山圖》,也是中國第一幅山水畫。歷代帝皇遊覽廬山的有 30 多位。

　　廬山有 5 座山峰,名五老峰,主峰 1,474 米,有三組垂直的瀑布群。唐李白遊廬山,有詩稱「飛流直下三千尺,疑是銀河落九天」;廬山的四季風景不同,有稱「春如夢,夏如滴、秋如醉、冬如玉」。

　　廬山在夏天是避暑勝地,還有近 640 座的「萬國」別墅建築群,其文化歷史很豐富,被列為世界文化遺產,同時列入世界地質公園。

廬山三疊泉

江西還有其他著名山景麼❓

　　江西西北邊有武功山，在海拔 1,600 米處有 10 萬畝高山「草甸」（草原），這是很罕見的地貌。

　　江西的東北有三清山，是三座平列的山峰，最高峰 1,800 多米，山體主要是堅硬的「花崗岩」，怪石特多，有神女峰、巨蟒出山、萬笏朝天等，同列入世界自然遺產和世界地質公園。

　　三清山附近還有兩個值得遊覽的地方，一個是婺源，近年被譽為「中國最美的鄉村」，其村落依山傍水，充滿「小橋、流水、人家」之

三清山神女峰

婺源

美，加上遍地的油菜花和梯田，恬靜自然。富有地方色彩的建築滿是
亭、台、樓、閣，清麗幽雅。

　　另在三清山西麓有景德鎮，是中國的瓷都；瓷是中國工藝的名
片，從明代開始，景德鎮的瓷器代表了瓷藝的巔峰。

元代（左）及清代（右）
景德鎮製瓷器

江西的東面還有道教名山龍虎山，屬丹霞地貌，亦同列為世界自然遺產和世界地質公園。龍虎山的瀘溪河有如一條「玉帶」，將整個山區的美麗景點串聯於兩岸。

　　廬山、婺源和三清山等，位於江西的北部和東北部，其外是安徽、江蘇和浙江等「江南」各省。

龍虎山

3

吳越江南

今之長三角

新疆　甘肅　內　寧夏　青海　西藏　四川　重慶　貴州　雲南

　　長江過了鄱陽湖後，進入其下游及三角洲，經安徽和江蘇南部流出東海。長江在入江蘇處有四大古都之一的南京（別稱金陵、江寧等），由此往東，南、北兩岸名城密佈，今日統稱為「長三角」。

　　長江近出海口南邊，有江蘇著名園林城市蘇州，之後是全國最重要的工商業城市上海；上海別名「滬」，今為直轄市，南京和上海近世並稱「京滬」或「寧滬」。

　　江蘇的南邊是浙江省，其北部距長江不遠有另一個著名園林城市杭州，與蘇州並稱「蘇杭」，杭州以東又有歷史名城紹興和另一個著名港口城市寧波，寧波外海有舟山群島。

　　長三角地區在先秦時是吳、越兩個國家的核心地帶，蘇州和紹興

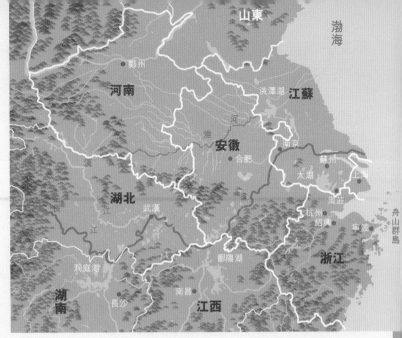

分別是兩國的國都，分據南、北；「吳越」之名亦為今天民
間所習用。

　　長三角又是唐、宋至明、清時代著名的「江南」核心地
帶。「江南」之名源於唐代設置於長江以南的「江南道」，其
地域很大（往西伸延至湖南、貴州等），後來收窄至長三角
一帶，但在行政上又跨越到「江北」大片地方；清代的「江南
總督」治下有江蘇、安徽和江西三省。安徽和江蘇兩省的北
部其實已進入淮河流域的範圍，所以「江南」之名並不完全
符合地理的環境；不過，一般人心目中的江南，也就大抵是
今日的長三角地區了。

　　江南在唐朝中期之後，成為全國最富庶的地區，農業及

手工業高度繁榮；除長江之外，小河道及水鄉密佈，又有一條「大運河」北通黃河流域，在隋、唐時的古大運河（南宋時廢用）能直通當時國都的長安（陝西）和洛陽（河南）等地，元、明、清的「京杭」大運河直通國都北京。明、清時蘇、浙兩省文教最為興盛，冠於全國。

江、浙兩省連上海面積約有 21 萬平方公里，兩省常並稱；安徽有約 14 萬平方公里，三省合佔中國陸疆僅 3.75%，而人口佔全國 16.3%，密度最高，達 2.35 億人。

長江的下游有甚麼特色

長江的下游有 938 公里，從江西的九江開始，抵達南京之後，江闊水深，至出海口有一個大島名崇明島，面積 1,267 平方公里，有 16 個香港島般大，兩邊的水道都很闊，這是世界所有大河出口中獨一無二的。

長江是世界最大的內河航道，由出海口到重慶超過 2,000 公里，加上四川盆地，總流域面積達 180 萬平方公里，佔中國陸疆 18.8%。

長江下游的三角洲地帶小河道及大、小湖泊密佈，在南邊一直伸延至浙江另一條大河錢塘江的出海口杭州灣，這些小河道都可以行舟，估計至少有 80 萬公里的交通水道，非常驚人；其中有無數「水鄉」，在宋、元、明、清都是農業和手工業的生產及商業核心地帶，造就了江南的繁榮和獨特的水鄉風貌。

長江

南京　鎮江
丹陽
江陰
常州　無錫　常熟
崇明島
昆山　嘉定
蘇州　太湖
上海市
松江
湖州
嘉興
杭州

江南有至少 80 萬公里交通水道

江南水鄉風貌是如何的 ？

　　水鄉以舟楫小橋作內、外交通，因水成市，因市成街，店舖密集，與民居、富家巨室、茶館、旅館、戲台、寺廟、書院、書樓、家庭式手工業等混在一起。

蘇州周莊

著名水鄉在蘇州有周莊、同里，杭州有烏鎮，上海有朱家角，湖州有南潯等，今日仍保留清末民初的風貌。

蘇州是一個怎麼樣的園林城市

蘇州是春秋時吳國的首都，當時的皇室開始建造「園林」，一直下來，到明、清時有 200 多處，今存數十，是全國園林最多的城市，有稱「江南園林甲天下，蘇州園林甲江南」，列入世界文化遺產。本叢書另有小冊子介紹。

蘇州獅子林大廳

蘇州拙政園

蘇州除了是吳國的都城外，在明、清時是江南最重要的文化都會，在書畫、戲曲、學術、工藝等都有很大的成就；其旁有另一個著名城市無錫，合稱「蘇錫」。

杭州又是一個怎麼樣的園林城市

杭州是南宋的國都，元時意大利著名旅遊家馬可勃羅曾到來，稱杭州為「天城」，即猶如天堂般美麗的城市，而杭州最漂亮的風景線就是西湖，宋蘇東坡有名句稱「欲把西湖比西子，濃粧淡抹總相宜」。

西湖是人工與自然結合之作，屬中國園林藝術的最偉大成就；東漢時錢塘江的一個灣首先因築堤成湖，經歷代經營，這個人工湖變成舉世無雙的最大型園林美景，今有「西湖十景」，列入世界文化遺產，叢書的另一個小冊子會有詳細介紹。

在江蘇的另一歷史名城揚州，也有一個「瘦西湖」，面積較小，

西湖

其精緻毫不遜色。

　　杭州邊的錢塘江還有一個獨一無二的大自然景觀，名「錢塘觀潮」。

「錢塘觀潮」是甚麼？

　　錢塘江是一條地方大河，出自安徽和江西交界的山嶺，在浙江流出東海，有一個大喇叭型的河口，因此海潮進入時潮水很大，尤以每年農曆 8 月 18 日海潮最大，可高達 2 至 3 米，成為一大奇景，而最佳的觀潮地點名海寧，也稱「海寧觀潮」。

揚州「瘦面湖」　　　　　　　　　**錢塘觀湖**

除了人工的園林外，江南還有甚麼特別的山水景觀

　　安徽南部和浙江都多名山勝景，海拔大抵在 1,000 至 2,000 米間，容易登達，其中安徽的黃山最有名；其面積約 1,200 平方公里，主體為花崗岩，最高的蓮花峰 1,864 米，著名的景點有迎客松、光明頂、夢筆生花、百步雲梯等，在此又可觀日出和雲海；遊黃山看美景，眼前就好像看一幅幅的中國山水畫一樣；明旅行家徐霞客曾讚稱

黃山

「五嶽歸來不看山，黃山歸來不看嶽」。

　　黃山之外，安徽還有天柱山、浙江有江郎山、雁蕩山、莫干山等，都是旅遊勝地。此外，美麗的湖景有蘇州和無錫間的太湖、浙江的千島湖等。

　　江南還有兩座佛教名山，一是安徽的九華山，另為浙江的普陀

千島湖 　　　　　　　　　　　　　太湖

山。江南的名寺名剎特多，有 1,500 多年的歷史。

江南為甚麼有這麼多歷史悠久的寺廟

　　在西元 3 世紀的三國時代，吳國建都南京，之後東晉和南北朝時代的「南朝」四個王朝亦建都南京，「江南」自始繁華；當時海絲路的貿易又從廣州伸延到這裡，帶來了很多印度僧人弘揚佛學，受到朝廷和民間的歡迎，建造了大量寺廟，故有「南朝四百八十寺」的說法。在中國歷史、詩詞和小說中的很多名寺都是初建於這一時期的，如鎮江金山寺、杭州靈隱寺、揚州大明寺、蘇州寒山寺、南京棲霞寺等都是。

杭州靈隱寺

蘇州寒山寺鐘

能說說南京的故事嗎

　　南京位於長江由安徽出江蘇處，北、東、南三面都是山，統名鐘山，主峰紫金山約 450 米高，長江在中間穿越，形勢雄偉，被稱若「虎踞龍蟠」，成為多個王朝的國都，除了是三國後 400 年的六朝古都外，明初朱元璋和中華民國部分時期都曾在此建都，是中國四大古都

之一。

　　南京的秦淮河在歷史有很特別的名氣，六朝時它是全國最繁華的地方，明、清之際又留下了很多著名文人的風雅故事，故有「六朝金粉」、「秦淮風月」等說法，今為南京的必遊之地。此外，中國著名小說《紅樓夢》的背景亦是南京。

　　南京的一個全國性重要歷史建築是「中山陵」，亦即孫中山先生的墓地。

秦淮河

南京中山陵

南京東鄰揚州和鎮江，是大運河和長江的交界處，大運河從揚州北通黃河流域，從鎮江南連蘇州和杭州。

能介紹大運河的歷史和地理嗎？

大運河貫通中國南北五條大江河，南邊由杭州的錢塘江開始，經蘇州、鎮江到長江，過江之後由揚州北上，經淮河到黃河，再到河北的海河，是世界最大的運河，也是人類建築史的奇蹟。

運河的建造可追溯到春秋時代的吳國，在隋朝時打通南北五大江河，歷史上有很多變化，現仍存在的是元朝修建的京杭大運河，由杭

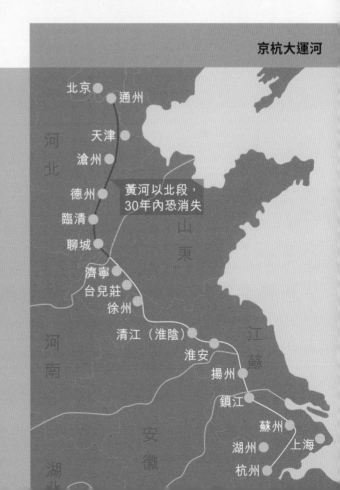

京杭大運河

北京　通州

天津

滄州

河北

德州

臨清

聊城

黃河以北段，
30年內恐消失

山東

濟寧
台兒莊
徐州

清江（淮陰）

河南

淮安

揚州

鎮江

江蘇

蘇州

湖州　上海

杭州

安徽

大運河揚州段

州到北京。

　　揚州在唐代和明、清時期，都因大運河的繁榮而成為商業大都市，清代在這裡有來自安徽的鹽商，曾富甲一方。

上海是如何成為中國最重要的工商業城市的

　　上海原是長江支流黃浦江邊的一個商業重鎮，在鴉片戰爭後成為通商口岸，由此迅速發展成為中國最重要的商業、金融、港口和工業城市，民國時期是全國最「摩登」和最開放的「十里洋場」，有很多西

上海外灘

寧波商港

洋建築，最宏偉的在黃浦江「外灘」，亦稱「上海灘」。

　　上海的南邊，還有另一著名商港寧波，和舟山群島合併之後，成為今日世界最大的綜合性港口。近代以上海和寧波為主的江、浙商人，出現了不少非常成功的企業家。

　　由四川和重慶到華中三省，再到今日的長三角，構成了一條「長江經濟帶」，是我國以至世界最大的一條沿江經濟帶。

民族大觀園

4 雲貴高原

　　走遍了長江流域的三個地區之後，我們可以再由西往東，從中國西南的雲貴高原開始，遊覽最南方的三個地區。

　　雲貴高原在四川省的南邊，其名字取自雲南和貴州兩省，一西一東；雲南位於我國西南邊界，外面有好幾個東南亞國家。四川（連重慶）和雲、貴在近世被稱為中國的「西南」三省，雲、貴面積共 56 萬平方公里，和四川加重慶的 57 萬平方公里相若，四省市合起來是中國 11.8%，近八分之一。人口兩地合計 8,576 多萬，近全國 6%。

　　雲貴高原 85% 都是山地，北面連接著青藏和川西的橫斷山脈，青藏高原的一些大江河沿山脈流入，自己的山嶺又孕發出更多河流，這些河流再往東、南、北各方流出境外，所以雲貴高原也是我

國和東南亞地區重要的水源輸發地。

　　雲、貴距離黃河的中原很遠，距長江三峽以東亦很遠，內、外山嶺重疊，道途阻隔，過去只是中華大帝國的邊陲，僅和四川有較多交集往來，是經濟和文化都較為落後的「苗蠻」之地。這地區除漢族外，有 26 個聚居的少數民族，各有特色，是一個「民族大觀園」。

　　雲貴高原地處亞熱帶的暖溫帶，除西北的極高山區外，氣候暖和，溫差小，很多地方冬季是攝氏 5° 至 10°，7 月攝氏 20 至 25°，雲南的首府昆明「四季如春」，別名「春城」；動植物繁衍茂盛，原始生態保存得很好，但農地不多，不

四季如春的昆明

算是五穀類的富饒之地，但盛產花卉、藥材、茶葉和菌類食物。此外，高原有極豐富的喀斯特地貌，是最多少數民族居住的省，被形容為中國的「後花園」。

雲貴高原的眾多山嶺有何特別

　　貴州被稱為「天無三日晴，地無三里平」，其實雲南也是差不多，所以有稱「江南千條水，雲貴萬重山」。

　　雲貴高原的高山，主要是北方西藏和四川橫斷山脈的伸延，由北往南走向，分東、西兩大部分。

　　高黎貢山起自雲南西北的西藏邊界，北端海拔高達 4,000 米以上，往南綿延 600 公里，逐漸下降至 2,000 米以下，其西是緬甸。

高黎貢山以東有怒山和雲嶺，這部分是雲貴高原最典型的橫斷山帶，摺皺度很高，山型聳峭，谷底幽深，要到雲嶺以東，地勢始稍平復，由此再往東是川西的涼山地帶。

涼山的東邊是雲南，這是雲南的東北部，是雲貴橫斷山脈的東邊部分，連接著貴州；在雲南有五蓮峰和烏蒙山，貴州有大婁山和武陵山，這些高山由西往東從 2,000 米下降至平均 1,000 米，高峰可達 2,500 至 3,000 米。

除橫斷山脈外，在貴州中部有一大堆比較分散的「塊狀」山地，泛稱「苗嶺」，平均高 1,500 米。

雲、貴連綿的山嶺中，有大小形態不一的「小盆地」和湖泊，當地稱為「壩子」，成為人類的居地和耕作地，包括雲南的昆明和大理、麗江等城市，以及貴州的首府貴陽。

雲南油菜花田

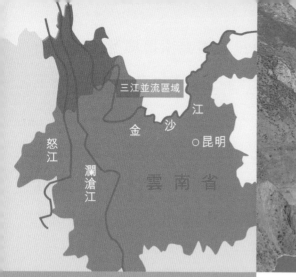

三江並流區域

江 沙 金

○昆明

怒江

瀾滄江

雲南省

三江並流位置圖

雲南金沙江

雲貴高原如何承接了青藏高原的江河？

　　雲南西北端的橫斷山脈接來了青藏高原的怒江、瀾滄江和金沙江，出現了地理上極罕見的「三江並流」景象，三江與山脈並行，由北往南奔竄，瀾滄江和金沙江之間最近只有 66 公里，和怒江間最近 19 公里，三江並不交匯，而諸江和山巔相距可達 2,000 米以上，這奇景被列入世界自然遺產。

這幾條江流去了甚麼地方？

　　金沙江在雲南只有一小段，它往南奔流了約 200 公里後，即以 U 字型在雲嶺向北做了一個大拐彎，之後再繞到四川的成都大平原往東走，這個大拐彎被稱為「長江第一灣」。

　　怒江和瀾滄江則繼續往南流入東南亞，改了名字，成為很多國家

長江第一灣

的重要河流，瀾滄江就是著名的湄公河。

孕育出雲貴高原的有甚麼重要河流？

中國南方的嶺南地區有珠江，是全國第三大河，其源頭即出於雲南的烏蒙山，經貴州和廣西入廣東，在香港西側的珠江口出海。

從雲貴的山嶺還源出有恩梅開江、元江、李仙江等，都流入了東南亞，在那邊也改了名字；另有赤水和烏江往北流，分別在四川和重慶入長江。

雲南西北的橫斷山脈有甚麼特別的自然和人文景色？

西藏和雲南的邊區是藏族人的聚居地，該處有梅里雪山，是藏族

霧鎖麗江

的另一神山，共有 13 座，主峰高 6,740 米，是雲南的最高山峰。

橫斷山脈多峽谷，在怒江有一峽谷長 600 公里，西藏和雲南各 300 公里，號稱「東方大峽谷」，兩岸雪山山峰不少高達 5,000 米以上，江水則在海拔 2,000 米，沿谷大、小瀑布遍佈。這地區有較小型的少數民族傈僳族。

雲嶺以東山勢摺皺度減弱，是較為平復的山坡地，人口也較多，又是另一番景象，這一地區統名麗江。

麗江有何特別的自然景色和人文風貌

這地區有三個非常有名的景點。

大麗江地區有納西族聚居的旅遊名城麗江，位於長江第一灣東面

不遠，古城人文風貌豐富，其附近亦有兩座著名雪山，玉龍雪山高
5,596 米，再北有哈巴雪山，高 5,396 米。

　　哈巴雪山山麓有 3 平方公里的「白水台」，成白色梯田形狀。另
金沙江在兩個雪山之間流過，有峽谷名虎跳峽，垂直高差 3,790 米，
最窄 30 餘米，是世界最深的峽谷之一。

　　在麗江地區東北和四川交界處，有一個著名的高原淡水湖名瀘沽

麗江黑龍池，遠
處為玉龍雪山。

白水台

瀘沽湖

湖，海拔高 2,690 米，湖的面積並不大，只約 48 平方公里，但水深達 90 米，其湖水透明潔淨，呈藍色，湖岸曲折，有很多沙灘。這裡是納西族摩梭人的居處，摩梭人還是「母系社會」，所以也有認為摩梭族和納西族不同，是另一個少數民族。

　　人類在遠古是雜婚的，所以小孩子只能依附母親，故稱母系社會，摩梭族繼傳了母系社會的遺風，極為罕見。

　　大麗江地區最北的是一個小城市名香格里拉，是藏族的聚居地，有一些較大的寺廟和很有特色的民居。近百年前有一本著名的外國小說，假設在川藏地區有一個美麗的神秘山谷名「香格里拉」，成為很多人想像中的一個極美麗無憂的世外天地。這個雲南小城市近年就改了這個名字，化身成一個旅遊景點。

香格里拉普達措
國家公園

以「春城」為別名的昆明又如何 ?

　　昆明在雲南的中間位置，其東北沿五蓮峰有狹道可往四川宜賓；其西面穿越過一個彝族聚居地，可到另一個歷史名城大理，由大理往北即是麗江。

　　昆明的喀斯特石林是中國所有石林中最有名的，面積達 400 平方公里，遍佈上百個黑色石峰群，參差崢嶸，千姿百態，列入世界自然遺產；其中最著名的石峰名「阿詩瑪」，取名於彝族的一個名阿詩瑪美女的故事，她因拒婚逃亡而變成了一座石峰，其故事拍成了電影，還有 10 餘個語言的翻譯本。

「阿詩瑪」峰

昆明石林

滇池

昆明西南面的滇池也很有名，是全國第六大淡水湖，面積 300 平方公里，一碧萬頃，以雲彩變化而知名。

大理為甚麼是歷史名城

大理是白族的聚居地，在唐、宋時曾先後建立「南詔」和「大理」

兩個地區大國。此外，從大理往西南有通道往緬甸和印度，是歷史上的「西南絲綢之路」，其規模雖不能和新疆的絲綢之路相比，但在古代對外的文化和商業交流也有其一定角色。

　　大理旁邊有大湖名洱海，有 117 條河流注入其中，是重要的生態保護地。

大理崇聖寺三塔，是典型的唐代建築。

洱海

雲南的南邊有甚麼自然景觀和特色？

　　雲南的南邊有兩個地方，分別稱普洱和西雙版納。

　　普洱是著名的「緊壓茶」普洱的故鄉，普洱茶行銷全國，能消膩健胃，在廣東、香港和海外華人社會最受歡迎；普洱茶也從橫斷山脈走入西藏，由大理出緬甸和印度，這兩條「商業」通道是雲南的「茶馬古道」，和四川的「茶馬古道」齊名（請閱本冊頁 29-30）。

普洱餅茶　　　　　　　　　　　　　雲南孔雀

　　雲南普洱有餅茶、團茶、磚茶等，味苦而甘，屬「全發酵」茶，有高度的排脂去油膩作用，為西藏、新疆、蒙古等地以肉食為主的族群的重要飲食伴侶。普洱茶越老舊越好，其售價可以很驚人。

　　西雙版納是雲貴高原海拔最低的地方和傣族的聚居地，也是中國罕見的熱帶雨林區，多野生動物，設置有「孔雀湖」和「野象谷」等特色公園，都是知名的旅遊勝地。

西雙版納傣族
傳統歌舞

雲南的東部又如何？

　　雲南的東部和東南部有彝族、苗族、壯族、哈尼族等多個少數民族。最著名的半自然、半人工景色是在元陽地區的大片梯田，約 100 萬畝，隨山勢地形變化起跌，最高處達 3,000 級，不同的植物呈現多種顏色，瑰麗壯觀，被列入世界文化遺產。

元陽梯田

貴州也是一個自然景色很多的地方嗎

　　貴州面積只有雲南的 43.6%，南北緯度差距不大，自然環境比較統一，以省府貴陽為中心，四周的距離都不太遠。過去因太封閉和太貧瘠而遊人罕至，為人所忽略，其實也有很多自然地貌和美景，更未被現代工商業文明所影響，東南西北各有特色，也有自己特別的少數民族風貌。

　　貴州的少數民族人口最大的是苗族、歷史亦最悠久，其次有布依族、彝族和侗族等。

　　貴州是典型的山地省，山多地少，地貌以喀斯特為主。

貴州的野生韭菜花帶是世界最大的

相傳蚩尤是苗族的遠祖之一　　苗繡上的蝴蝶是苗族的祖先圖騰

苗族歌舞

苗族的歷史和特色是甚麼？

　　苗族是我國第五大少數民族，人口約 950 萬，僅次於壯、回、滿和維吾爾族，貴州是其最重要的聚居地，分佈甚廣，分支亦多。

　　苗族可溯源至遠古的炎黃時代，其先祖起源於北方，有稱是被黃帝打敗的蚩尤。苗族的服飾色彩極豐富，苗繡是非常有名的工藝，可

岜沙苗族槍手

西江千戶苗寨

從其細節辨別族源的分支，而女性的銀飾是苗族的最重要標誌。貴州的苗寨很著名，也是旅遊的好去處。

其他極有特色的苗族分支，有六盤水的長角苗，以長角和巨大的髮型為標誌。另從江縣的岜沙苗族，男兒都要背槍，終生不離，是中國唯一背槍的民族。

貴州的喀斯特地貌有何特別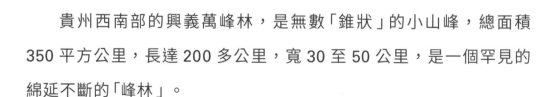

貴州西南部的興義萬峰林，是無數「錐狀」的小山峰，總面積350 平方公里，長達 200 多公里，寬 30 至 50 公里，是一個罕見的綿延不斷的「峰林」。

興義萬峰林

在南部荔波的喀斯特則以水景為特色，約有 120 平方公里，溶洞與湖、石、林木交織，樹木多植根於水中石頭和河床，形成水上森林的景象，被譽為天然的「超級盆景」，列入世界自然遺產。在茂蘭區亦有一大片生長在岩石上的植物，多達千種，另有 2 萬多畝野生梅花和很多 200 多年的古梅樹。

荔波小七孔古橋

貴州還有其他喀斯特地貌嗎？

　　在貴陽附近的織金溶洞，是較典型的喀斯特溶洞，全長 6.6 公里，其特點是全國最大，稱「溶洞之王」，列入世界地質公園。

　　附近的黃果樹瀑布是中國和亞洲最大的瀑布，高 78 米，寬 101米，雨季時水勢浩大，周圍有瀑布群。

黃果樹瀑布

黃果樹喀斯特溶洞

除了喀斯特之外，貴州還有其他特別的地貌嗎？

貴州北部的大婁山有帶紅色的丹霞地貌，這裡有長江支流赤水，故稱「赤水丹霞」，設有全國最大的丹霞風景區，面積達 1,200 平方公里，其地勢起伏甚大，最高處 1,730 米，最低 240 米，峽谷深切，形狀多變，藏著無數的各種動、植物，列入世界自然遺產。

大婁山也藏著一條峽道，連接著貴陽和重慶，是歷史上兩地的重要交通要道。

貴州的東部又如何？

貴州東邊和湖南毗鄰，東南和廣西毗鄰，兩邊都是連綿山區，最美麗和特別的景色有梵淨山、烏江和潕陽河。

赤水丹霞

梵淨山的原始森林茂密，最高的鳳凰山高 2,575 米，峽谷縱橫，其中「金刀峽」在 2,200 米高的峻嶺上冒出一尊石柱，高約 100 米，山峰一劈為二，兩個山頂之上又各建有佛殿，成為一大奇景，列入世界自然遺產。

　　梵淨山有不少稀世物種，其中「黔金絲猴」的數量比熊貓還少，被稱為「世界獨生子」。

梵淨山

金絲猴

梵淨山之西有長江的支流烏江，其河道狹窄，河床高低不一，但兩岸景色有如詩畫，形成一條「千里畫廊」，古代很多詩人都專程來這裡遊覽題詩。

　　貴州東部的鎮遠地區還有一條潕陽河，有另外一個「三峽」風景區，峰險水綠，迂迴曲折，長 18 公里，也是優美清靜的旅遊勝地。

　　貴州的東面是湖南，東南和廣西連接，廣西那邊就是中國的「嶺南」地區了。

烏江畫廊

南嶺之南

5

嶺南、南海

　　一般人都知道廣東別稱嶺南，香港也是其中的一隅之地，但相信多數人都不知道嶺南這個名稱的由來。

　　在先秦時位於中國最南方的是楚國，其南邊有一系列高山名「南嶺」；西元前秦始皇遣大軍越過南嶺，開疆拓土，直到海邊；漢朝時這片新疆土被稱為嶺南，到唐代之後流行至今。

　　嶺南之地除廣東省外，還有廣西省，那是秦始皇大軍首先進入的地方；嶺南也包括今日的海南省（即海南島）和南海諸島礁，兩者在過去都是歸廣東地區管轄的；秦始皇在廣東設置的第一個地方政府就叫「南海郡」。

嶺南在地理上屬於海洋地區，因此深受海洋的季候風和颱風等影響；又位於亞熱帶的最南部，部分且屬於熱帶，故自然環境和嶺北有相當差異。廣西和廣東（合稱兩廣）的山嶺都很多，有中國的第三大河珠江，構成了嶺南地區的基本地理格局、地貌和生活環境。

　　自秦、漢開始，中國在南海即有對外貿易，遠至東南亞和印度洋各地，歷久不衰，今稱「海上絲綢之路」；從明代開始，廣東出海謀生的民眾很多，和福建同是海外華僑的主要來源地。

　　今日嶺南三省加上香港和澳門兩個「特別行政區」面積共 45 萬平方公里，佔中國陸疆 4.6%，人口有 1.94 億，佔全國 13.4%，其中廣東 1.26 億人，密度很高，是中國人口第一大省。

南嶺是不是一個山脈？

　　南嶺連綿 1,600 餘公里，橫亙東西，但不是山脈，而是多個「獨立」高山的組合，其中以大庾嶺等「五嶺」最有名；五嶺北邊的河川流入長江，南邊的流入珠江，是兩條大河的「分水嶺」。南嶺的北面是湖南和江西兩省。

　　南嶺的西端連接雲貴高原，東端連接福建的武夷山脈，西邊高峰達 2,000 米，東邊的降至 1,000 至 1,500 米，在五嶺南、北兩邊，還有不少高山，眾多山嶺成為嶺南和嶺北的自然屏障，同時是氣候、文化、風俗和方言的分界線。

南嶺有特別的地貌和風景嗎？

　　南嶺以赤色丹霞知名，丹霞是由紅色的砂礫岩所構成，中國南方各省由貴州到浙江都有，在廣東韶關地區的更直接以「丹霞山」為

南嶺山脈

108

廣東丹霞山

名，內有大、小形態各異的石峰、石堡、石牆、石柱達300餘座，被列入世界地質公園和自然遺產。

除南嶺外，兩廣還有甚麼大山？

廣西全省以山地為主，其中一些名稱很誇張，如「十萬大山」、「九萬大山」、「六萬大山」等，其西部高山較多，東部則以較低斜和較散佈的「丘陵」為主；廣東的東、西兩邊亦大多是丘陵地，與山丘交錯的平地和山坡地都可以居住和耕種。

兩廣在春夏天的時候非常潮濕悶熱，蛇蠍蟲蟻特多，各種菌毒容易滋長，在古代曾被視為「瘴癘」之地，不宜人居；而廣東民眾為了消暑解熱，發明了各種藥性寒涼的苦茶和青草茶，以及各種「能醫百病」的藥油。此外，廣東人又喜將蛇、蠍、蟲類和各種野生動物烹食，稱之為「野味」，故有稱廣東人甚麼都敢吃。

蠍子

蛇羹

涼茶

那麼兩廣的主要平地在甚麼地方？

　　廣東省最大片的平地是位於中南部的珠江三角洲，有廣州、深圳、香港、澳門等大城市；其次為東部韓江三角洲，主要城市是潮州和汕頭；這是嶺南經濟和文教最發達的兩個地區。

此外，在廣東西南的雷州半島，以及與其相連接的廣西省東南沿海地區，是另一大片平地；位於半島南邊的是海南島，其北部也是一大片平地，但這些地方歷來發展都相對滯後，不如珠三角和潮汕。

珠江的主江名西江，橫跨廣東西部和廣西省（有潯江、紅水河等不同名字），沿江兩岸亦多小塊平地，有很多中、小市鎮。

珠江三角洲的九個市和兩個特區，今稱大灣區。

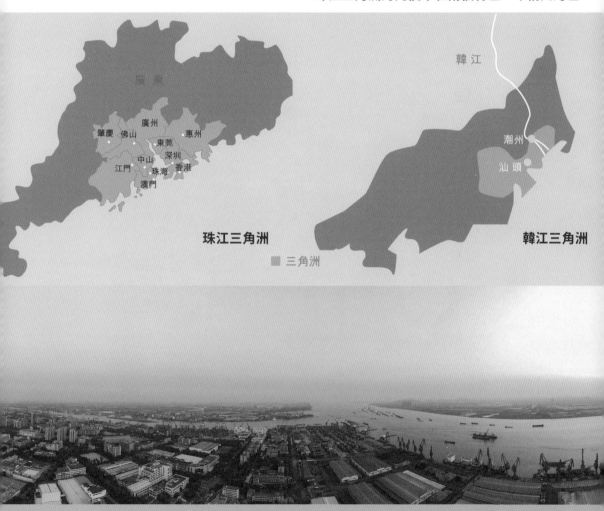

珠江三角洲

韓江三角洲

■ 三角洲

在珠江出口的廣州港

珠江是一條怎麼樣的江

　　珠江的主體西江全長 2,400 公里，支流很多，在廣西有桂江、柳江、邕江（邕音雍）等，在廣東有北江和東江。桂江、北江和東江源自南嶺，都歸入「珠江流域」的範圍，總面積超過 45 萬平方公里。現在西江已發展成世界第二繁忙的內陸航道，僅次於長江。

　　東江流經廣東省東部山區，在東莞流入珠江口；香港的食水即主要由東江而來。

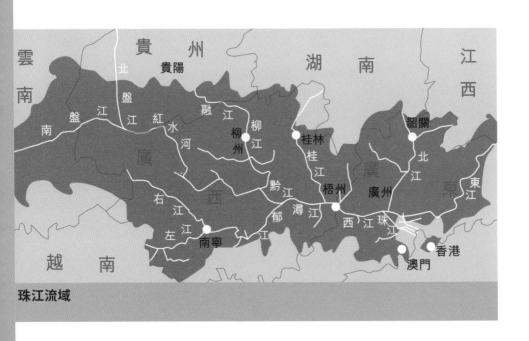

珠江流域

除了南嶺的赤色丹霞外，嶺南的山嶺有其他美景嗎

　　西江源於雲貴高原，沿江的地區亦一如雲貴，有很多喀斯特美

桂林陽朔

景，包括知名度最高的「桂林山水」，譽稱「桂林山水甲天下」，列入世界自然遺產。

桂林位於廣西省東北角，有漓江在這裡流過，南通西江的支流桂江。所謂「桂林山水」，就是漓江連著沿岸的一大批中、小型山嶺，不論是風和日麗或是煙雨迷濛，都是千姿百態，還有很多溶洞和相通的地下河；其中陽朔地區的最美麗，故又有稱「陽朔山水甲桂林」。

桂林也是一個重要的軍事城市，因在南嶺的山嶺中有一條通道可前往湖南，名「湘桂通道」（湘是湖南，桂是廣西），2,230 多年前秦始皇的大軍就是由這通道進入嶺南的，他還在這裡修築了一條運河以運送兵糧，後來名為「靈渠」，連接了山嶺南北分開走向的兩條小河道，是古代罕見的工程。

靈渠水系圖

桂林漓江

桂林之外還有哪些喀斯特美景？

　　廣西西部的山城百色，有樂業天坑群和鳳山溶岩，兩者總面積 930 平方公里，也是一個大型的喀斯特地貌。樂業有世界最大的天坑群和兩條地下河系統，列為世界地質公園；不過這地方偏遠，不易前

廣西百色溶洞

往，知名度也不高。

在廣東有一個著名的喀斯特景點位於肇慶，名「七星岩」，有 7 座小山峰，中間有湖，面積只 6.3 平方公里，有 20 餘公里長的湖堤把湖面分為五大塊。此地離廣州不遠，交通方便，遊人特別多。

肇慶七星岩

廣西也有少數民族嗎

　　廣西有 11 個少數民族，包括全國人口最多的壯族，超過 1,500 萬人，比滿、蒙、回、維吾爾、藏、苗、彝等族都要多；其次是侗族和瑤族。

侗族風雨橋

壯族　　　　　　　　以長髮為美的瑤族

　　壯族以織錦、山歌和銅鼓為其特色，「劉三姐」是民間傳說的唐代著名壯族歌手，據稱出口即成歌，但後來為了殉情而投河自殺，其故事流傳於民間，也是電影的題材。

　　瑤族分佈於廣西、廣東和湖南，以廣西最多，長於織染刺繡，其分支以服飾打扮區分，廣西龍勝有以長髮為美的「長髮瑤」。

　　侗族主要分佈於廣西和貴州，以風雨橋和鼓樓的特色建築聞名。

　　居於山區的壯族、瑤族和侗族都善於營造梯田，離桂林不遠的龍

龍勝梯田

勝有各族合建的大型梯田，美麗而壯觀，吸引了不少中、外遊客。

珠江三角洲為何是嶺南最核心的地區

　　珠三角河流縱橫交錯，出海口有 8 個，雖然有不少山丘，但平地也多，總面積達 8,600 平方公里，土地肥沃，是南來移民最好的落腳點。

　　其次，珠江口灣內水域很大，稱為「大灣區」，自秦、漢以來即以廣州及其附近為中心，這是秦始皇大軍的主要駐地，也是古代南

珠三角口

海貿易和海上絲綢之路的最重要港口。南海貿易自秦漢即遠達東南
亞、印度洋，以至西亞的阿拉伯地區和非洲東岸。

　　唐代時南海貿易非常發達，嶺南地區日漸繁榮，宋、元、明、
清都不斷有大批移民從北方遷入，明、清時珠三角商業繁盛，文教
興旺，成為全國另一個重要地區，同時衍生出有自己風格的「嶺南文
化」，也稱「廣府文化」，例如粵語、粵菜和粵劇等；其中不乏海外
文化的元素和色彩。

　　16 世紀明朝時，歐洲葡萄牙人在珠江口西岸的澳門獲准居留
經商，到 18 和 19 世紀，西方各國都利用澳門為在亞洲經商的橋
頭堡。19 世紀鴉片戰爭之後，中國割讓在珠江口東岸的香港予英
國，幾十年之後，香港發展成為一個耀眼的商業大港，譽稱「東方之

珠」。中國「改革開放」後，香港的北面又冒起了一個新興的製造業和科技大城市——深圳。

明、清以來，從珠三角出洋謀生的華僑很多，遍佈世界各地。粵商是中國在海內、外一股著名商幫。

以出口為主的廣彩

澳門議事亭前地

韓江三角洲的情況又如何呢

在廣東東部的韓江三角洲有潮州和汕頭兩個城市，合稱潮汕。潮州的歷史可追溯到唐代以前，汕頭則是 19 世紀才發展起來的港口城市。潮州歷來文教興旺，潮州人不少從福建和浙江，經海路來到廣東，他們也深受海洋和南海貿易的影響，善經商，遍佈海內、外。香港和東南亞都有很多成功的潮商。

廣東的山區是甚麼環境

廣東的山區可分東、西兩大片，西部山區位於北江沿岸，主要受廣府文化影響；東部山區則是「客家人」的聚居地，他們大多在明、清時由北方遷徙而至，與珠三角的「廣府人」和韓三角的潮州人，成

元朗吉慶圍

為廣東的三大族群。客家人也出洋謀生，主要在東南亞各地。

客家人有群居的習慣，一個家族同住於「圍屋」。香港和附近的深圳、惠州等地都有圍屋，有些圍屋很大，可以住數十戶人家。

廣西的情況又如何呢？

廣西沿西江一帶也是受廣府文化的影響，由西江進入廣西的支流邕江，有廣西省府南寧，是這地區的政治、軍事中心城市。廣西的經濟不算發達，不過近年政府刻意將南寧打造為一個對接東南亞國家的商業中心城市。

廣東省西南的雷州半島有何特別？

雷州半島很大，在地圖上非常突出，已進入熱帶氣候區，和南邊的海南島都充滿「南洋」的椰林海灘風貌；在歷史上半島東邊的湛江

北海銀灘

市是古海絲路的另一個重要港口。

半島西北方有另一個港口名北海，今屬廣西省，其地有海灘長達 24 公里，由石碌沙堆積而成，在陽光照射下泛出銀光，故稱「北海銀灘」，以「灘長平、沙細白、水溫淨、浪柔軟」知名，是中國最美麗的沙灘。

雷州半島有很多火山口，海南島的北部也有很多火山口，兩岸共 101 個，亦列入世界地質公園，今日都已闢為公園。

海南石山火山群國家地質公園

海南島（省）也有自己的特色嗎？

雷州半島和海南島相隔僅 80 公里，海峽名瓊州海峽。

海南島是我國第二大島，稍微小於台灣，北部多平地，南部多山，都是熱帶風光，南部的三亞是著名的海灘度假城市。

海南島的最南端有一個叫「天涯海角」的地方，還有「鹿回頭」，

海南島海角

兩者都表示外面就是茫茫大海,「再無去處」。

　　海南島有依海生活的少數民族黎族,傳統以樹幹為樑柱建成很特別的「船型屋」。黎族婦女的編織刺繡也很有名,在宋代其技術傳到上海,影響及江南的織造手工業。

黎族船型屋

黎族編織

海南島全景

南海群島的歷史是如何的？

　　中國在漢、唐時因南海貿易發達，開始對海上的一些島礁命名。15 世紀明朝鄭和率大艦隊「七下西洋」，雄霸南海，將大批島礁分為四組，加以命名和管轄，因此後來清朝都將這些島礁在地圖上列為中國的領土。

　　中國抗日戰爭時，這些島礁曾被日本奪去，戰後中國政府重新接

南海四大群島圖

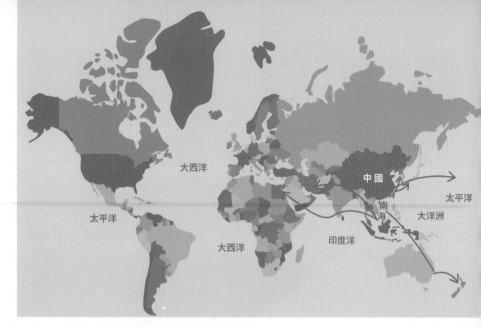

大西洋

太平洋

中國

太平洋

大西洋

南海

大洋洲

印度洋

南海位置圖

收和命名，明確以地圖劃分為東沙、西沙、中沙和南沙四群島，分佈在南海不同區域。

　　南海的海床很深，總面積有 350 萬平方公里，是非常重要的國際航道，每年世界有過半數的商船和油輪經過這片海域。南海的航運，西接馬六甲海峽，出印度洋，南達印尼、澳洲和紐西蘭，東連福建和台灣、以及兩省以東的西太平洋，對中國和周邊國家都非常重要。

南海的石油鑽探

6 台峽兩岸

福建、台灣

新疆　內蒙古　黑　吉林　遼寧　北京　天津　河北　山西　山東　甘肅　寧夏　陝西　河南　安徽　江蘇　上海　浙江　青海　湖北　江西　福建　西藏　四川　重慶　湖南　台灣　貴州　雲南　廣西　廣東　香港　澳門　海南

　　福建和台灣兩省位於我國的東南角，台灣是全國第一大島，兩者中間隔著台灣海峽，其東北方向是東海和「江南」的浙江和江蘇等地，西南方向是南海和「嶺南」的廣東和海南兩省；海峽和台灣位處「兩洋」（古稱「東洋」和「西洋」）之間，在航運和軍事地緣上都非常重要。

　　福建在先秦時和嶺南一樣，還不在「中國」的範圍之內；秦始皇滅楚之後，於西元前 223 年遣軍進入，納為國土，較其遣軍入嶺南更早；不過，廣東先得南海貿易之利，早期發展比福建快；到 7 世紀唐代之後，海絲路往北伸展至長三角，福建的福州、泉州等港口

乃成為航海的中途節點，再其後在宋、元、明三代高速發展，成為海絲路著名港口城市。

　　台灣的發展是全國所有地區中最晚的，要到明末的鄭成功登陸之後，才真正走入中國歷史的進程，同時捲進了東亞國際航海的大網絡中；到清康熙皇帝取得台灣（1683 年）之後，大量福建民眾遷入台灣，至 19 世紀估計達 250 萬人，因此福建和台灣兩地的人文關係非常密切。此外，台灣有大批「原住民」的高山族。

　　福建和台灣兩地都屬於亞熱帶氣候的季候風和颱風區；福建大部分是山地，和雲貴高原的情況差不多，但有海洋，沿岸有平地和很多優良港口，因此在歷史上比雲貴有較好的發展條件。福建最著名的山嶺是位於西北邊界的武夷山脈。

　　台灣也多高山，龐大的中央山脈縱貫全島，有「高山青，澗水

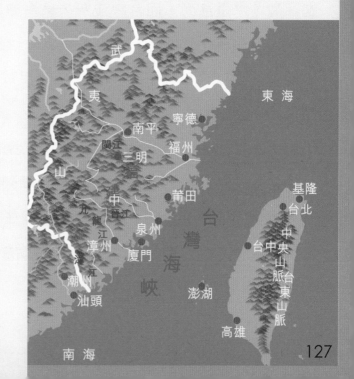

藍」的美名，平地主要在西部。台海四周風浪很大，在古代是航海險道，所以發展得最遲。其地土壤肥沃，農漁產豐富，有「寶島」之稱。

福建是細省，面積只有 12 萬平方公里多一點，台灣面積 3.6 萬平方公里，是次於海南的第二細省，兩地僅佔全國土地的 2%，人口合計約 6,500 萬人，台灣人口每平方公里超過 650 人，是世界人口密度最高的地區之一。

台灣海峽是一條怎麼樣的海峽？

台灣海峽只有 150 至 180 公里寬，平均水深僅 50 米，但正因如此，海峽風高浪急，在古代航行風險很大。

由於各地天氣和海水的冷熱不同，海洋是有流動的「海潮」的，南海水暖，會朝東北流動，經過台島東、西兩邊「衝」向東海；南海是深海，水量甚大，而台峽淺窄，東海亦較南海水淺，海潮經過台峽進入東海時會產生急流巨浪，加上季候風強勁，這僅 150 公里寬的海道，也就很難強渡了，過去台灣民眾稱渡台是「六死三留一回頭」，可見其艱險。

台峽的水潮帶黑色，故稱「黑潮」，台峽故又名「黑水溝」。

在海峽靠近台島南部的地方有澎湖列島，大、小島嶼共 90 餘個，面積 128 平方公里，在古代是大陸往來台灣的中繼站，與台灣合稱台、澎，這一海域的水流複雜，相當險惡。

閩江與福州市

福建的地形和環境是怎樣的？

　　福建群山遍佈，山形是東北往西南走向，和海岸線平行，高山在兩邊分別和浙江及廣東的山區接壤。這些山體海拔平均約為 1,000 米，高峰有 2,000 米。福建氣候雖好，因平地不多，五穀的農作並不發達，而以產茶聞於世界。

　　福建的河川有 663 條，總長度近 13,000 公里，大多源出西北山區，往東南流向出海，最大的是閩江，其他有晉江、九龍江、漳江等。

　　福建沿海有較多平地，在主要江河的出海口有福州、泉州、廈門和漳州等港口城市。福建海岸線有 3,000 多公里長，大小島嶼 1,400 多個，大小港灣 120 多個，良港眾多，除在海運上有重要角色外，漁業也非常發達。

武夷山的九曲溪

福建的武夷山脈有何特別

　　武夷山脈的作用一如嶺南的南嶺，是地理和水文的分界線，也是全省最著名的風景區，同時在文化上有特別地位。

　　武夷山主要是丹霞地貌，藏有面積很大的中亞熱帶「原生性」森林，海拔平均 1,000 多米，最高峰 2,158 米，著名的景點有九曲溪、天遊峰、大王峰等。在歷史上，武夷山是中國宋代朱熹理學的誕生地之一，故列入世界自然及文化雙遺產。

　　武夷山盛產名茶，號稱「峰峰有寺，岩岩皆茶」，其「烏龍茶」（半發酵茶的總名）有鐵觀音、水仙、肉桂、鐵羅漢等類別，以大紅袍最貴重，售價達數萬元一斤；「白茶」則有銀針、白牡丹、壽眉等。

　　福建的茶在 19 世紀移植到台灣，產生了台灣烏龍、包種等名茶。中國的茶由福建走向世界，英文的 tea 就是福建「茶」字轉音而來。

武夷大紅袍

武夷山的茶園

武夷山之外，福建的山還有其他的著名景觀嗎❓

在福建西邊三明市有泰寧景觀，其實也是武夷山的一部分，其丹霞地貌擁有火山岩和花崗岩，列為世界地質公園；著名景觀有「百里湖山」的金湖、上清溪、九龍潭，還有一個很特別的以「一柱落地」而建成的甘露寺。

甘露寺

在福建東部的寧德地區，有另一個不同形態的山水景色，集花崗岩和火山岩地質的侵蝕地貌，列世界地質公園，以白水洋和瀑布岩等最有特色。

台灣的地形和環境又是怎樣的？

台灣的中央山脈由北往南走，東邊還有台東（海岸）山脈。中央山脈的山很高，是我國東部最高的山，3,000 米以上的高山有數十座，最高峰玉山有 3,952 米，終年積雪，比陝西秦嶺的最高峰太白峰還要高；最著名的阿里山高 2,216 米，高 3,400 米的合歡山是亞熱帶罕見的滑雪勝地。

台灣的高山屬西太平洋火山地震帶，多斷層，亦屬颱風多發地區，經常有暴雨，是多自然災害的地帶。

台灣是大島，但海岸線平直，只有 1,139 公里，天然良港亦只有

中央山脈

高雄和基隆，以台北為中心城市，外面的島嶼除澎湖列島外也不多。

台灣的山和海岸線都有獨特的地貌和風景。

中央山脈有何特別的風景

台灣嘉義的阿里山因《高山青》的民歌而知名於天下，其特色之一是有小火車可直達山巔，以日出（觀玉山日出）、雲海、神木等為主要景觀。

在南投的日月潭，潭雖小而日、月兩潭的水色各異，是台灣另一著名景點。這裡的原住民是高山族，更設有高山族的九族文化村，於此可以一窺不同高山族群的歷史和文化。

高雄地區有「月世界」的特殊「不毛」地貌，地理學上屬因侵蝕

阿里山雲海

而產生之「惡地」，但有淒涼荒漠之美，而外形若月球地貌，因而得名，其地表有發光的礦物質，在明月照射下，會隱約發出點點熒光。

日月潭

高雄月世界公園

高山族有甚麼特色？

　　高山族只是一個統稱，因其包括有 10 多個族群，語言多不相通，整體屬「南島語系」，沒有文字，其中的達悟族在外島蘭嶼是捕魚的海洋民族，並不居於高山。此外，有平埔族在清代和遷移過來的漢人通婚，居於平地，基本上都已漢化。今日的高山族還保留著自己的民族色彩，但亦通用漢語。

居於蘭嶼島的達悟族及其獨木舟。

魯凱族慶祝豐收節

阿米斯族自己的民族樂器

台東山脈也有特別的景觀嗎？

台東山脈之外是一望無際的太平洋，其山勢直立，臨海一側多峭壁懸崖，高度達數百至千米，極為壯觀，亦極險峻，沿山有一條蘇花（蘇澳－花蓮）公路，蜿蜒而走。

在花蓮有一地點名太魯閣，多斷層岩和峽谷，是著名旅遊景點，

台灣東岸清水斷崖，氣象萬千。

有打通中央山脈東、西的「橫貫公路」，由此可以走到台島西岸。

台灣的海岸線有甚麼特別景色？

　　台灣北部位於新北市的野柳，有非常獨特的海蝕風化地貌，岸邊的砂岩展現各色各樣的形態，旅客可憑想像而給予不同名稱，最著名的是女王頭、燭台石、仙女鞋等。

　　在南部屏東的佳樂水也有形狀各異的礁石地貌，有栩栩如生的台

佳樂水地標犀牛石　　　　　　　　　　　　　　野柳燭台石

灣石、人面石、蟾蜍石、犀牛石等。

　　澎湖列島有美麗的玄武岩海蝕風貌，如方山、群礁等景觀。

野柳女王頭

澎湖玄武岩海岸

福建和台灣有甚麼人文特色？

　　在福建山區聚居的主要是客家族群，一如毗鄰的江西和廣東山區，他們居住在很特別的圓形「土樓」，大的土樓可以住上數十戶人家。由於古代交通不便，因此福建山區得以保存許多中原建築風格，並可追溯至唐宋及明清時期。土樓已被列為世界文化遺產。

　　福建沿海的福州、泉州、廈門等城市，有強烈的海洋商業性格，華僑很多，也是成功的商人。在南部的閩南人（閩即福建）和客家人，在清代是冒險到台灣的主要人群。

福建客家土樓

台灣除原住民外，「原籍」的漢人主要就是閩南人和客家人，1949 年前後，有大批的中國內地移民，主要來自浙江、山東、湖南等地，帶來了更多元的中華文化，構成了今日的台灣社會風貌。

台南媽祖崇拜，源自福建。

附錄一
行政區簡稱、歷史名稱及首府

行政區	簡稱	主要歷史名稱和習稱	首府
四川省	川、蜀		成都
重慶市	渝		
湖北省	鄂	荊楚	武漢
湖南省	湘	荊楚	長沙
江西省	贛	吳楚	南昌
安徽省	皖		合肥
江蘇省	蘇	吳越、江南	南京
浙江省	浙	吳越、江南	杭州
上海市	滬	申江	
雲南省	雲、滇		昆明
貴州省	貴、黔		貴陽
廣西壯族自治區	桂		南寧
廣東省	粵	嶺南	廣州
香港特別行政區	港	香江	
澳門特別行政區	澳	濠江	
海南省	瓊	瓊崖	海口
福建省	閩	八閩	福州
台灣省	台		台北

附錄二
南方地區歌曲精選

地區	歌曲
四川、重慶	《康定情歌》（民歌） 《太陽出來喜洋洋》（民歌） 《數蛤蟆》（民歌） 《槐花幾時開》（民歌） 《彝族舞曲》（民歌）［琵琶］
荊楚三省	《清江河》（民歌） 《龍船調》（民歌） 《我住長江頭》（現代） 《辣妹子》（現代）
江南三省	《紫竹調》（民歌） 《鳳陽花鼓》（民歌） 《十八相送》（現代）［越劇版］ 《東海漁歌》（現代）［古箏］ 《十面埋伏》（現代）［琵琶］ 《蘇州夜曲》（現代）

地區	歌曲
雲貴高原	《彌度山歌》（民歌） 《繡荷包》（民歌） 《小河淌水》（民歌） 《十大姐》（現代） 《雨不灑花花不紅》（現代）
嶺南、南海	《劉三姊·採茶》（民歌） 《漁歌》（民歌） 《瑤族舞曲》 《煙雨桂林》（現代） 《旱天雷》（現代） 《天公落水》（現代）［客家語］ 《楊梅開花無人知》（現代）［潮州語］
閩台兩岸	《採茶燈》（民歌） 《高山青》（民歌） 《愛拼才會贏》（現代）